AF214930

Skorpion

24.10.–22.11.

Skorpion

P. Michel
A. Wagner

24.10.–22.11.

tosa

Inhalt

Vorwort

Wenn Sie jetzt dieses Buch in Händen halten, so sind Sie höchstwahrscheinlich ein Skorpion oder zumindest am Sternzeichen Skorpion interessiert. Vielleicht leben Sie in einer temperamentvollen Beziehung mit einem Skorpion oder möglicherweise ist Ihr Chef einer. Zumindest möchten Sie etwas mehr über dieses Sternzeichen erfahren.

Es ist immer eine spannende Angelegenheit, etwas über sich selbst oder einen anderen Skorpion zu erfahren. Die nachfolgenden Seiten wollen Ihnen einen Gesamtüberblick über die vielfältigen Seiten des Skorpions vermitteln. Wenn Sie selbst ein solcher sind, haben Sie sich wahrscheinlich ohnehin schon über das Inhaltsverzeichnis mit dem Buch vertraut gemacht. Trotzdem sollte das Buch bei der Lektüre noch einige Überraschungen für Sie bereithalten. Vielleicht wird es Sie auch das eine oder andere Mal zum Schmunzeln bringen. Das ist so beabsichtigt!

Das Sternzeichen eines Menschen zeigt uns dessen bestimmte Merkmale auf, es kann allerdings kein vollständiges Bild einer Persönlichkeit liefern. Dazu bedarf es eines umfassenden Horoskops.

Es wird Ihnen sicher schon aufgefallen sein, dass es auch innerhalb eines Sternzeichens unterschiedliche Menschen gibt. Das zeigt uns, dass man nicht alle Widder, Stiere oder Jungfrauen über einen Kamm scheren kann. Trotzdem lassen sich viele verblüffende Ähnlichkeiten feststellen, die viel zu eindeutig sind, um als Zufall erklärt zu werden. Bestimmte Muster kehren innerhalb eines Sternzeichens immer wieder. Deshalb lohnt es sich, etwas mehr über die verschiedenen Aspekte eines Sternzeichens zu erfahren. Wenden wir uns also der geheimnisvollen Welt des Skorpions zu.

Einleitung

Gehören auch Sie zu jenen Menschen, die zwar ihren Freunden und Kollegen gegenüber stets betonen, nichts von dieser „Sterndeuterei" zu halten, aber heimlich doch fast jedes Illustriertenhoroskop lesen? Natürlich nur zum Spaß!

Wir vermuten einmal, Sie haben ein gewisses Interesse an der Astrologie, kennen sich aber noch nicht sehr gut aus. Daher sind die nachstehenden Gedanken über die Wissenschaft der Astrologie für Sie vielleicht hilfreich, um Ihnen zumindest Grundkenntnisse der alten Sternenweisheit zu vermitteln. Außerdem versprechen wir Ihnen mehr Freude beim Lesen als bei den etwas eintönigen Zeitschriften-Horoskopen!

Wenn Sie zu den Befürwortern der Astrologie gehören – und ihre Zahl nimmt bekanntlich ständig zu –, werden Sie mit diesem Buch endlich genügend Argumente in die Hand bekommen, um Ihren Freunden und Kollegen zu beweisen, warum sich die Skorpion-Frau aus der Buchhaltung und der Löwe-Abteilungsleiter so in die Haare geraten konnten.

Das Grundwissen

Normalerweise weiß jeder Mensch, zu welchem Sternzeichen er gehört. Das Tierkreiszeichen richtet sich nach dem Stand der Sonne zum Zeitpunkt Ihrer

Geburt. Wenn Sie also beispielsweise am 10. März geboren sind, gehören Sie, astrologisch gesprochen, zu den Fischen. Denn an diesem Tag stand die Sonne im Zeichen der Fische. Wurden Sie dagegen am 10. November geboren, sind Sie astrologisch ein Skorpion. Sie finden normalerweise ganz schnell heraus, zu welchem Zeichen Sie gehören, es sei denn, Sie fallen genau in den Wechsel zwischen zwei Zeichen. Dann kann es von Bedeutung sein, Ihre Geburtsstunde genau zu ermitteln und einen Astrologen oder das Internet zu befragen, zu welchem Zeichen Sie gehören.

Der Sonnenstand, also Ihr Sternzeichen, gibt Ihnen Auskunft darüber, wie Sie „in Ihrem Inneren" wirklich sind. Die Astrologie, wenn sie ernsthaft betrieben wird, vermag natürlich weitaus mehr über die Persönlichkeit eines Menschen auszusagen, aber wir wollen es in diesem Buch einmal beim Sonnenstand, dem Sternzeichen und dem Stand des Mondes bewenden lassen. Als Hinweis für die etwas Fortgeschritteneren unter den Lesern sei nur erwähnt, dass der „Aszendent" zum Ausdruck bringt, wie Sie der Umwelt gegenüber erscheinen, während die Stellung des Mondes, auf die wir im Kapitel 8 näher eingehen, im Horoskop wesentlich für Ihr Seelenleben und Ihre Gefühlswelt ist.

Es ist keine große Mühe, den Aszendenten und die Stellung des Mondes im Horoskop zu ermitteln. Diese Daten erfahren Sie aus dem Internet in Sekundenschnelle, wenn Sie Ihr Geburtsdatum und Ihren Geburtsort entsprechend eingeben. Mit unserer Sternzeichen-Serie haben Sie dann das Werkzeug in der Hand, um mehr über sich selbst zu erfahren.

Die Geschichte der Astrologie

Das Wort „Astrologie" setzt sich aus den beiden griechischen Wörtern „*Astron*" (Stern) und „*Logos*" (Wort,
Weisheit) zusammen. Wenn man es wörtlich übersetz-
zen möchte, könnte man von der „Sprache der Sterne"
oder besser von der „Sternenweisheit" sprechen.

Das wichtigste Grundwerkzeug für die Astrologie
ist das Horoskop, ein weiteres Wort aus dem Griechischen, das am treffendsten mit „Stundenzeiger" über-
setzt wird. Im Horoskop wird nach astronomischen
Grundsätzen die Stellung der Gestirne im Augenblick der Geburt aufgezeichnet. Da es einige schnell
laufende Planeten gibt, können manchmal wenige
Minuten ein deutlich verändertes Horoskop ergeben.
Es ist daher für eine eindeutige astrologische Deutung
wichtig, möglichst genau die Geburtszeit zu ermitteln.
Sollten Sie also demnächst Nachwuchs bekommen,
versuchen Sie auch in der Aufregung der Geburt mit
einem Auge auf die Uhr zu schauen. Sie werden später
dafür dankbar sein – und Ihr Kind selbstverständlich
auch!

Die Ursprünge

Die Anfänge der Astrologie verlieren sich im Dunkel
der Geschichte. Zu allen Zeiten hat das sternenüber-
säte Himmelszelt die Menschen mit Ehrfurcht erfüllt.
Viele Religionen haben sogar Gott oder die Götter am
Sternenhimmel angesiedelt, denn die Menschen such-
ten stets nach einem „sichtbaren" Ausdruck dieser ver-
borgenen Kräfte, von deren Wirken sie nichts wussten.

Die Babylonier, etwa im 4. Jahrtausend v. Chr., scheinen die Ersten gewesen zu sein, die sich die Frage stellten, ob die Bewegung der Gestirne möglicherweise eine verborgene Botschaft der Götter sein könnte. Also begannen sie, die Bewegung der Lichter am Sternenhimmel aufzuzeichnen – und sie stellten eine gewisse Regelmäßigkeit fest. Was lag also näher, als die Gesetzmäßigkeiten festzuhalten. So entstand der erste Kalender!

Die Ägypter, von deren tiefem Wissen heute nur noch die Pyramiden und einige alte Tempelruinen Zeugnis ablegen, waren historisch die Nächsten, etwa 2500 v. Chr., die sich in die Deutung der Gestirne vertieften. Sie kleideten ihr Wissen in Mythen und Sagen, aber die eingeweihten Priester vermochten diese zu deuten und ihren tiefen Sinn zu entschlüsseln. Zu jener Zeit war das astrologische Wissen nur wenigen Eingeweihten vorbehalten.

Wenn C. G. Jung, der große Psychologe, später diese Sternenweisheit als den „symbolischen Ausdruck für das innere, unbewusste Drama der Seele" bezeichnete, so fand er nur neue Worte für ein altes Wissen.

Nach den Ägyptern kamen die Griechen. Auch sie versuchten, die Beobachtung des Sternenhimmels zum Erkennen des Schicksals heranzuziehen. Die große griechische Kultur gab der Astrologie, wie auch der gesamten abendländischen Kultur, ihre im Wesentlichen heute noch gültige Form. Sie befinden sich also, wenn Sie die Astrologie ernst nehmen, in bester Gesellschaft!

Die Geburtsastrologie

Die Griechen waren es, die erkannten, dass auch die unregelmäßigen Vorgänge am Sternenhimmel, die scheinbar „unberechenbaren" Bewegungen der Gestirne, die den Babyloniern als „Omen" gegolten hatten, bestimmten Gesetzmäßigkeiten gehorchten und daher vorausberechenbar waren. Von diesem Augenblick an verlor die Anschauung, dass die Götter den Menschen so ein Zeichen geben wollten, ihre Anhänger. Die alten Sterndeuter begannen, eine individuelle Geburtsastrologie zu entwickeln.

Wichtig für das Verständnis der modernen Astrologie wurde in diesem Zusammenhang ein Satz von Thomas von Aquin: *„Die Sterne machen geneigt, aber sie zwingen nicht!"* Diese Erkenntnis setzte sich in weiten Kreisen allmählich durch und findet auch heute immer mehr Anhänger. Damit wird für den einzelnen Menschen deutlich, welche Bedeutung das astrologische Wissen für ihn besitzt. Es hilft ihm, Anlagen, Neigungen, Begabungen oder Talente zu erkennen und zu fördern. Gleichzeitig kann ihn die Astrologie auf Schwächen, Gefährdungen oder problematische Neigungen hinweisen. Immer aber bleibt es in der Verantwortung des einzelnen Menschen, sein Leben selbst in die Hand zu nehmen!

Die Tierkreiszeichen im Laufe eines Jahres

Der Widder, das erste Zeichen im Tierkreis, steht für den drangvollen, stürmischen Beginn des Frühlings. Da mit der Frühlings-Tagundnachtgleiche etwas Neues beginnt, setzten die Astrologen der Antike den Widder an die erste Stelle im Tierkreis. Der Winter wird kraftvoll vertrieben. Alles kommt natürlich viel zu früh. Die Krokusse stecken schon ihre Köpfchen durch die Erde, wenn noch Schneeflocken durch die Luft wirbeln. Aber so ist es ja immer beim Widder. Er ist nicht zu bremsen, und schließlich überwindet er ja auch Schnee und Eis und verhilft dem Frühling zum Durchbruch.

Dann kommt der Stier und bringt den Frühling in voller Pracht zum Ausdruck. Der „Wonnemonat" Mai beginnt. Es ist eine Zeit der Sinnlichkeit und der Hingabe. Menschen vertrauen einander, sind gutmütiger als normal; aber sie sind auch stärker materiell ausgerichtet. Alles wird etwas gelassener und langsamer.

Als Letzte im Frühling treffen wir die Zwillinge. Mit ihnen geht der maienhafte Frühling und die Baumblüte setzt ein. Die Verästelungen bilden sich und alles wird komplizierter. Die Zwillinge bringen zum Wachstum aber auch Zergliederung und Oberflächlichkeit.

Der Krebs kommt mit der Sommersonnenwende.
Der Sommer beginnt. Die Tage sind am längsten, die
Nächte nur kurz. Die Wachstumskräfte treten nach
außen und die Samenbildung beginnt. Die Empfind-
samkeit und die Empfindlichkeit nehmen zu, aber auch
die Empfänglichkeit und das Schwankende. All dies
werden Sie beim Sternzeichen Krebs wiederfinden!

Den Löwen finden wir in der Mitte des Sommers.
Die Früchte werden reif und die Sonne durchglüht
die Erde. Es ist die heißeste Zeit des Jahres und die
Natur erstrahlt in sommerlicher Fülle. Herzens- und
Willensmenschen sind jetzt in ihrem Element. Alles
strotzt vor Selbstbewusstsein, Großzügigkeit und
überschäumender Lebenskraft.

Mit der Jungfrau geht der Sommer zur Neige. Der
Himmel ist strahlend klar und blau. Die Erntezeit
beginnt. Die Natur stellt sich auf den Anfang eines
neuen Lebenszyklus ein. Jetzt geht es um das Ordnen,
Sichten und Unterscheiden. Eine sachliche Einstellung
ist wichtig, um die Ernte wohlbehalten einzubringen. Es ist von entscheidender Bedeutung, vorsichtig
vorzugehen. Man darf nicht zu früh und nicht zu
spät ernten. In diesem Geschehen kann eine gewisse
Ängstlichkeit heranwachsen.

Mit der Waage beginnt der Herbst. Tage und Nächte sind gleich lang. Die Winterhälfte des Jahres hält ihren Einzug. Noch halten sich sommerliche Wärme und winterliche Kälte das Gleichgewicht, und noch immer ist der Himmel hell und freundlich. Die Waage bringt zudem eine wahre Blumenpracht mit sich. Die Sonnenuntergänge zeigen ein herrliches Lichtspiel, und das Streben nach Harmonie ist besonders ausgeprägt. Ein großer Schaffensdrang steht in Konflikt mit mangelnder Durchsetzungskraft. Dafür finden wir bei der Waage ein feines Anpassungsvermögen.

Der Skorpion ist der „Todesmonat". Er bringt steigende Morgen- und Abendnebel. Das letzte Laub fällt von den Bäumen. Der Skorpion hinterlässt kahle Bäume; aber dennoch zeigen sich an einigen Ästen bereits wieder zarte Knospen. Es ist eine Zeit des Sterbens und Werdens. Der Skorpion ist zäh und ausdauernd. Er bringt alle Dinge schnell auf den Punkt. Bei ihm finden sich offene Aggressivität und leidenschaftliche Hingabe sowie ein grüblerischer Erkenntnistrieb.

Mit dem Schützen neigt sich der Herbst dem Ende zu. Der Winter sendet seine Vorboten über das Land. Der Todesschlaf der Natur kündigt sich bereits an. Die Dämmerungen bringen eine gewisse Schwermütigkeit; aber die Vorweihnachtszeit schenkt etwas Licht. Die Felder sind kahl und verlassen, die Beete abgeerntet und die Gärten leer. Die Stimmung des Schützen ist jedoch voller Idealismus, und deshalb haben es wohltätige Veranstaltungen in der Adventszeit leichter! Religion und Sinnsuche streben ihrem Höhepunkt zu.

Der Steinbock bringt das Weihnachtsfest und die Wintersonnenwende. Die längsten Nächte des Jahres sind zu überstehen. Das Licht kämpft mit der Finsternis, um neu ins Leben zu treten. In der Natur herrscht völlige Lebensstarre. Die Welt ist von Eis und Schnee bedeckt. Die Luft ist schneidend und klirrend kalt. Der Steinbock kämpft sich jedoch mit unermüdlicher Beharrlichkeit durch. Wir finden zudem Entsagung, Konzentrationsfähigkeit und Sachlichkeit bei ihm, die allerdings mit Teilnahmslosigkeit und Hochmut einhergehen können.

Den Wassermann hat der Winter voll im Griff. Alles Leben ist unter Schnee und Eis verborgen. Am Tage kann die Wintersonne hell blenden, in der Nacht sind die Sterne klar zu erkennen. Es ist die kälteste Zeit des Jahres. Die weiße Schneedecke vermittelt ein Gefühl von Freiheit und Unbegrenztheit. Dem Wassermann sind gesellschaftliche Normen unwichtig; er lebt seinen totalen Freiheitstrieb.

Im Zeichen der Fische geht der Winter in den Frühling über. Die Fastenzeit beginnt und die Schneeschmelze setzt ein. Alles Erstarrte löst sich und alles Tote wird zu neuem Leben erweckt. Der Erdboden weicht auf und der menschliche Körper wird verwandelt. Im Zeichen der Fische kommt es auch zu den meisten Todesfällen! Die Fische neigen zudem zu einer Flucht aus der realen Welt. Unter den Fischen finden wir allerdings auch viele Gemütsmenschen mit echter Nächstenliebe.

Damit ist unsere kurze Wanderung durch die Tierkreiszeichen abgeschlossen und wir können uns jetzt genauer mit dem achten Zeichen beschäftigen – dem Skorpion.

rundsätzliches über den Skorpion

KAPITEL 1

Der Skorpion im Tierkreis

Das Zeichen

Der Skorpion ist ein Wasser-Zeichen. Er ist das achte Zeichen im Tierkreis und erstreckt sich im Kalenderjahr vom 24. Oktober bis zum 22. November.

Das Zeichen und der Planet

Dem Skorpion wird seit dessen Entdeckung der Planet Pluto zugeordnet, benannt nach dem griechischen Gott des Reichtums und des Überflusses. Pluto gilt allerdings auch als Beiname des Gottes Hades, des griechischen Gottes der Unterwelt. Zuvor beherrschte Mars, der Kriegsgott, das Sternbild des Skorpions.

Das Zeichen, Edelsteine und Metalle

Dem Skorpion wird der Opal zugeordnet und bei den Metallen sind es Eisen und Stahl.

Das Zeichen und seine Farbe

Der Skorpion wird mit kraftvollen, eher gedeckten Farben in Zusammenhang gebracht. Als vorrangige Farbtöne gelten für ihn Dunkelrot und Kastanienbraun; beides Töne, die in seiner Jahreszeit, dem Herbst, deutlich bestimmend sind.

Das Zeichen und seine Tiere

Dem Skorpion werden vorrangig alle Schalentiere zugeordnet (Krebse, Hummer und natürlich auch Skorpione). Dazu kommen dann noch die meisten Insekten, die ebenfalls mit dem Zeichen Skorpion verknüpft werden.

Der Skorpion – alles oder nichts

Die Kämpfer

Skorpione zählen zu den willensstärksten Naturen im Tierkreis. Sie geben selten auf und sind ausgesprochen kämpferische Charaktere. Sie lassen sich durch Widerstände nicht entmutigen und geben sich auch nicht mit halben Erfolgen zufrieden. Ihr Leben könnte mit dem Motto überschrieben werden: „Alles oder nichts!"

Keine Kompromisse

Skorpione versuchen unentwegt, dem Geheimnis des Lebens auf die Spur zu kommen. Dabei zeigen sie stets eine ausgesprochen leidenschaftliche Natur. In allen Aktivitäten, in die sie sich stürzen, zeigen sie ihre kraftvolle Wesensart. Allerdings zeigt sich ihre große Kraft und Stärke stets in gleichem Maße auf der Lichtseite des Lebens wie auch auf der Schattenseite.

Skorpione kennen das Wort „Kompromiss" nicht. Sie wollen alles und setzen sich dafür auch mit ihrer gewaltigen Vitalität vehement ein.

Leben in Extremen

Der mittlere Weg ist den Skorpionen zutiefst unsympathisch. Zwischen rechts und links, gut und böse, Liebe und Hass liegt für die Skorpione nur ein Niemandsland. Entweder sie lieben oder sie hassen. Beides mit ganzer Kraft.

Wer mit einem Skorpion verbunden ist und auf der „falschen" Seite steht, muss sich mit einer gewaltigen Energie auseinandersetzen. Dafür weiß er aber, woran er mit einem Skorpion ist. Eine Klarheit, die auch nicht zu verachten ist!

Nicht wählerisch mit seinen Mitteln

Der kämpferische Skorpion, vor allem wenn er von seinem Recht überzeugt ist, wird sich der Verwirklichung seines Zieles mit ungeheurer Hartnäckigkeit widmen. Dabei kann es sein, je nachdem, mit welcher Art von Charakter wir es bei einem bestimmten Skorpion zu tun haben, dass dieser in der Wahl seiner Mittel nicht sehr wählerisch sein wird. Im schlechtesten Fall kann es zu wirklich unangenehmen Auseinandersetzungen mit einem Skorpion kommen.

Der Streiter für Gerechtigkeit

Die unter dem Zeichen des Skorpions geborenen Menschen verstellen sich nicht. Der Skorpion ist echt, so wie er sich zeigt. Skorpione setzen keine Masken auf, um anderen zu gefallen, sondern sie zeigen stets ihr wahres Gesicht.

Wenn sie von der Richtigkeit ihrer (oder einer) Sache überzeugt sind, werden sie keine Auseinandersetzung und keinen Streit vermeiden, um dieser zu ihrem Recht zu verhelfen.

Skorpione sind immer willens und dazu bereit, Ungerechtigkeiten aufzudecken und dem Gegenüber die Maske vom Gesicht zu reißen.

Skorpione scheinen ständig in einem Spannungsfeld zu stehen. Sie sind entweder glücklich oder zutiefst deprimiert; sie sind entweder optimistisch und sehen die Zukunft rosarot oder sie sind pessimistisch und sehen das Leben nur in Grautönen; sie sind entweder absolut von einer Weltanschauung überzeugt oder sie vertreten mit aller Konsequenz das Gegenmodell.

 Eine ständige Zerreißprobe, die gewaltige Kraftanstrengungen erfordert; aber daran mangelt es den Skorpionen ja nicht!

Hart gegen sich selbst und gegen andere

Die tatkräftigen Skorpione, die immer mit vollem Einsatz im Lebenskampf stehen, sind teilweise mit einer schier übermenschlichen Energie ausgestattet. In ihrem Kampf für Gerechtigkeit oder bei ihren persönlichen Zielen sind sie hart gegen sich selbst und erwarten dies auch von ihren Mitstreitern. Für verzärtelte Zögerlichkeit bringt der Skorpion nicht gerade sehr viel Verständnis auf.

Immer im Gefecht mit dem Schicksal

Was immer der morgige Tag auch bringen mag, die Skorpione bewältigen die Schwierigkeiten des Lebens. Sie stehen immer in den Stiefeln und auf dem Gefechtsfeld. Kein Schicksalsschlag wirft sie aus der Bahn.

Ganz im Gegenteil: Der Skorpion steht geradezu in Angriffsstellung und lauert darauf, welche Prüfungen ihm das Leben als Nächstes auferlegen wird.

Die schroffen Krieger

Skorpione lösen in ihrem Gegenüber häufig eine unangenehme Überraschung durch ihr schroffes Auftreten aus. Dabei klingt immer wieder ein Unterton an, der etwa ausdrücken soll: So bin ich nun einmal!

Dies kann zu Missverständnissen führen, denn eigentlich wollen die Skorpione nur das Beste im anderen entfalten. Sie wollen seinen wahren Kern freilegen und diesen von allem aufgesetzten Machwerk befreien.

In diesem an sich begrüßenswerten Bestreben legen die Skorpione allerdings wenig Takt- und Fingerspitzengefühl an den Tag. Sie sind die „schroffen Krieger" und nicht die dezenten Diplomaten, auch wenn sie alle für die Wahrheit streiten.

Bei einigen Sternzeichen liegt dabei das Schwergewicht auf „Wahrheit", bei den Skorpionen dagegen auf „streiten". So sind sie nun einmal!

Das Problem der Abhängigkeit

Menschen, die im Zeichen des Skorpions geboren sind, zeigen selten ihre Bedürfnisse und die verletzliche Seite ihres Wesens. Während diese geradezu nach Liebe, Zuwendung und Anerkennung schreit, wird sich ihre kämpferische, nach Freiheit dürstende Natur wild gegen jede Form einer scheinbaren Abhängigkeit wehren.

Warnung vor dem Stachel

Solange Skorpione in ihrem Leben Erfüllung finden und innerlich zufrieden sind, werden sie überaus sympathische Naturen sein, die gerne lachen, gesellig sind und auf die man bauen kann. Doch kaum wird ein Skorpion unzufrieden, so wird er den „Stachel zeigen".

Wenn in der Beziehung mit einem Skorpion „Stachel-Zeit" ist, kann die Parole nur noch lauten: „Rette sich, wer kann!" In dieser Phase wird der Skorpion unausstehlich sein und mit seinen stichelnden Bemerkungen stets sein Ziel treffen. Diese sind vor allem deshalb so schmerzvoll, weil er als brillanter Beobachter messerscharf die Schwachzonen seines Gegenübers durchschaut hat.

Wenn der Skorpion in seine Schattenseite absteigt, wird aus dem lebensbejahenden Skorpion ein mürrischer, abweisender Mensch, der nur schwer zu besänftigen und kaum zu erheitern ist.

Wenn es so weit gekommen ist, beginnt der Skorpion wieder einmal die „Suche nach dem Sinn des Lebens". Dabei ist er allerdings nicht gerade milde gestimmt, zu anderen nicht, aber auch nicht sich selbst gegenüber.

Der Tanz auf dem Vulkan

Skorpione zählen mit Sicherheit nicht zu den ausgeglichenen Vertretern des Tierkreises. In ihnen tobt nahezu immer ein Vulkan, der kurz vor dem Ausbruch steht.

Solche Skorpion-Vulkane sind nicht zu zähmen oder zu entschärfen. Sie gehorchen nur ihren eigenen Gesetzen. Sie sind überaus kritisch und immer darauf bedacht, die kleinen Unwahrheiten oder die großen Lügen in ihrer Umgebung zu entlarven.

Der magische Skorpion

Man spricht den Skorpionen immer wieder den „magischen Blick" zu. Wenn man einem Menschen mit durchdringendem Blick begegnet, wird dies in überdurchschnittlich vielen Fällen ein Skorpion sein.

Das Zeichen „Skorpion" wird vielfach mit Magie in Zusammenhang gebracht, und tatsächlich möchte man dazu neigen anzunehmen, Skorpione nützten okkulte Kräfte (von denen sie allerdings oft keine Ahnung haben!), um sich Gehör zu verschaffen, andere Menschen zu beeindrucken oder sich einfach mit dem Flair des Geheimnisvollen und Unnahbaren zu umgeben.

Skorpione wirken (anders als etwa der Löwe durch sein imposantes Auftreten) zumeist außergewöhnlich, extravagant, undurchschaubar und ein wenig magisch.

Der getriebene Skorpion

Skorpione, wie alle Wasser-Zeichen (Krebs und Fisch),
wirken nach außen hin ruhig und gelassen; sind aber
innerlich von einer gewaltigen Dynamik getrieben,
die alle Gefühle in ihrer Reinkultur freisetzt. Dieser
innere Extremismus führt dazu, dass der Skorpion
entweder in die eine Richtung prescht oder sich in die
Gegenrichtung gezogen fühlt.

Der Mittelweg entfällt. Der Skorpion zeigt nicht
Tendenzen in die eine oder andere Richtung – er geht
seinen Weg!

Der mitfühlende Skorpion

Skorpione besitzen, was auf den ersten Blick nicht zu
erwarten war, ein stark ausgeprägtes Mitgefühl. Sie
sind immer bereit, Menschen in Notsituationen hel-
fend unter die Arme zu greifen, gleichsam aus einer
selbst erlebten ähnlichen Notlage schöpfend.

Die Verwandlung

Skorpione sind zu einer geradezu unbegreiflichen
Leistungsfähigkeit begabt. Sie können in ihrem Hang
zum Extremismus schier Unglaubliches vollbringen.
Dabei erstarren sie jedoch nicht.

Wie kaum einem anderen Zeichen gelingt es dem
Skorpion, sich ständig innerlich zu wandeln. Dieses
Phänomen hat unter Astrologen dazu geführt, dem
Skorpion den „Prozess des Wandels" zuzuordnen.

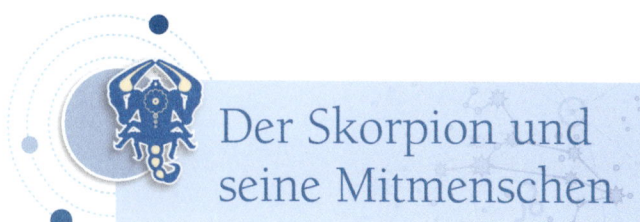

Der Skorpion und seine Mitmenschen

Der schwierige Umgang

Die willensstarken Skorpione gelten allgemein als ausgesprochen schwierig, wobei natürlich kein Unterschied zwischen männlichen und weiblichen Vertretern besteht. Doch sollte man hier eine etwas globalere Sichtweise an den Tag legen. Richtig ist zwar, dass Skorpione nicht immer angenehm im Umgang sind; sie besitzen aber auf keinen Fall mehr schlechte Eigenschaften als andere Vertreter des Tierkreises. Diese verstecken ihre Schattenseiten nur geschickt, was der Skorpion nicht tut! Skorpione sind überaus herausfordernd und wirken auf ihre Mitmenschen oftmals provozierend, da sie die Dinge (auch die unangenehmen!) beim Namen nennen. Sie sind scharfe Beobachter und lassen den anderen unverstellt an ihren (oft wenig schmeichelhaften!) Einsichten teilhaben. Von einem Skorpion hat sich daher schon manch einer durchbohrt gefühlt.

Menschen mit Tiefgang

Skorpione sind keinesfalls an oberflächlichen Beziehungen interessiert, sie suchen Verbindungen mit Tiefgang. Seichte Konversation oder nichtssagendes, unverbindliches Geplaudere sind nicht ihre Sache. Wenn ein Skorpion sich wirklich auf eine Verbindung einlässt, sucht er tiefstes Miteinander und absolute Hingabe!

Der misstrauische Skorpion

Leichtgläubigkeit oder gewinnende Zutraulichkeit werden Sie bei einem Skorpion praktisch nie finden. Skorpion-Menschen sind überaus misstrauische Zeitgenossen. Es erfordert einen immensen Einsatz, um einen Skorpion für sich zu gewinnen. Die beste Chance dazu haben Sie durch klare Aussagen, Fairness und ein nachvollziehbares und einsichtig formuliertes Verständnis ihrer Person.

Dickköpfige Unabhängigkeit

Es wird niemanden verwundern, wenn die Skorpione als ausgesprochen dickköpfige Zeitgenossen gelten. Sie lassen sich nur selten einen Rat erteilen und bevormundet wollen sie schon gleich gar nicht werden. Vor allem dann nicht, wenn es um Dinge geht, die ihren Wesenskern berühren.

Skorpione lieben ihre Unabhängigkeit, auch wenn sie von ihrem Gegenüber uneingeschränktes Vertrauen einfordern. Für einen Skorpion geht dieses Verhalten durchaus zusammen.

Bekannte und Freunde

Skorpione stellen einen überaus hohen Anspruch an ihre Mitmenschen und nicht selten hält sie ihr angeborenes und ausgeprägtes Misstrauen davon ab, vorschnell (nach ihrem Zeitmaßstab!) einen **Bekannten** in ihren zumeist ausgewählt kleinen Freundeskreis aufzunehmen.

Die im Sternzeichen des Skorpions Geborenen wählen bewusst, kritisch und vorsichtig prüfend, bevor sie einen Menschen ihre liebenswerte Innenwelt erschließen lassen.

Eine dicke Haut zulegen

Im Umgang mit Skorpionen bedarf es in nicht wenigen Fällen einer ausgesprochen „dicken Haut". Die häufigen Verstimmtheiten, Wutausbrüche und Weltkritiken seitens des Skorpions machen es seinen Mitmenschen wahrlich nicht immer leicht, mit ihm auszukommen.

Wenn Sie allerdings das unberechenbare Wesen des Skorpions nicht allzu ernst nehmen, können Sie auf einen kameradschaftlichen, treuen Freund an Ihrer Seite zählen. Wenn der Skorpion Sie in seinen Freundeskreis aufgenommen hat, wird er für Sie durchs Feuer gehen!

Der ideale Spiegel

Will man etwas über sich selbst lernen oder seine eigenen Schwächen schonungslos aufgedeckt bekommen, so sollte man sich einen Skorpion als Freund wählen. Kein anderes Sternzeichen offenbart mit solcher Treffgenauigkeit die Fehler und Schwächen seiner Mitmenschen.

Skorpione bohren in den Schwachpunkten so lange herum, bis auch dem Letzten bewusst geworden ist, wo der Fehler liegt. Manchmal genügen schon die Anwesenheit eines Skorpions und sein kritischer Blick, um sich wie in einem Spiegel entlarvt zu fühlen.

Solche Situationen sind für viele Menschen nicht leicht zu ertragen, aber jeder darf sich fast sicher sein, von einem Skorpion richtig eingeschätzt worden zu sein.

Schlecht beim Einstecken

Skorpione fühlen sich weitaus besser beim Austeilen als beim Einstecken. Wenn man ihnen selbst kritisch begegnet, können sie wahrhaft mimosenhafte Züge an den Tag legen. Wahre Meister im Austeilen, reagieren sie äußerst verletzbar, wenn sie selbst Kritik einstecken müssen.

Einer der Gründe für dieses Verhalten liegt darin, dass sie meist die Fehler schon selbst aufgespürt haben und eine gewisse Unzufriedenheit verspüren, weil sie diese noch nicht gelöst haben.

Wenn nun noch ein Außenstehender auf diesen wunden Punkt einschlägt, können sie geradezu aufgebracht und heftig reagieren.

Der Einzelgänger

Versuchen Sie nie, über einen Skorpion zu bestimmen. Ein solcher Versuch wird sich schnell als eklatanter Fehlschlag herausstellen.

Skorpione wollen in allen Dingen, die ihr Leben betreffen, gefragt werden – auch in den unbedeutendsten Kleinigkeiten!

 Als Einzelgänger dulden sie keinerlei Einmischung von außen.

Angriff als Verteidigung

Skorpione zeigen keine Ecken und Kanten, keine Ver-
schnörkelungen und Verzierungen. Sie zeigen sich so,
wie sie sind. Skorpion pur!

Sie sollten jedoch immer im Auge behalten, dass sie
eine Seite nicht oder nur sehr langsam zeigen – ihre
Verletzlichkeit. Um diese Seite zu schützen, wählen
sie häufig den Angriff als die beste Verteidigung.

Dabei versteckt diese schroffe Vorgehensweise nur
ihre sensible Gefühlswelt.

Skorpione sehnen sich nach Vertrauen und Anerkennung. Vielfach werden ihre feinen menschlichen
Eigenschaften übersehen, weil sie allzu offensiv und
kritisch auf die Schwächen ihrer Mitmenschen hinweisen. Hier wäre natürlich auch der Lernprozess des
Skorpions anzusiedeln!

Einen Skorpion zum Ausweinen

Geht es Ihnen einmal richtig elend, suchen Sie sich
einen Skorpion zum Ausweinen. Sie können auf sein
Mitgefühl hoffen und werden nicht enttäuscht werden.

Wenn Ihr Tränenstrom versiegt ist, wird der Skorpion zwar nicht mit guten Ratschlägen sparen, aber
wenn sein Mitgefühl geweckt ist, wird er schnell das
„Breite-Schultern-Syndrom" entwickeln, das Sie wunderbar auffängt und durch Ihre Krisenzeiten hindurch-
trägt.

Wie lebt man mit einem Skorpion?

Treue und Großzügigkeit

Der Skorpion wird absolute Treue als seinen höchsten Wert setzen. Dies ist für ihn die Grundlage einer echten Beziehung und der Skorpion wird auch selbst bereit sein, diese Treue zu geben.

Als zweiten bedeutenden Charakterzug kann man beim Skorpion seine Großzügigkeit feststellen. Diese beiden Attribute, Treue und Großzügigkeit, schreiben Skorpione in ihren Beziehungen wirklich groß.

Stärken und Schwächen

Menschen, die im Sternzeichen Skorpion geboren wurden, verfügen in den meisten Fällen über eine ausgeprägte, starke Persönlichkeit, die man nur schwer übersehen kann.

Wenn Sie daher mit einem Skorpion zusammenleben, können Sie viel über seine **und** Ihre Stärken und Schwächen lernen, denn kein anderes Sternzeichen offenbart so unverblümt extreme Gegensätze!

Nicht zimperlich sein

Im Zusammenleben mit einem Skorpion sollte man wissen, dass gelegentlich harte Bandagen gefragt sind. Hier hilft es wenig, den Wehleidigen zu geben oder

übermäßig zimperlich zu sein. Skorpione tragen ihre Konflikte sehr direkt und manchmal auch mit harten Worten aus. Stellen Sie sich einfach darauf ein, dann geht es schon viel leichter.

Häufig bedauert der Skorpion dann zwar sein schroffes Vorgehen, aber er wird nur selten das Gesagte zurücknehmen. Er bedauert die Methode, nicht den Inhalt!

Das Kraftpaket

Skorpione haben kein leichteres Schicksal als andere Mitglieder der Tierkreisfamilie, sie haben nur in der Regel mehr Kraft. Wenn sich daher dem Skorpion Probleme in den Weg stellen, greift er sie unverzagt an und versucht, sie mit energischer Tatkraft zu lösen.

Der Skorpion-Rhythmus

Skorpione erwarten von ihren Lieben, dass diese intuitiv wissen, wann sie Ruhe brauchen oder wann Zuspruch angesagt ist. Das stellt natürlich eine hohe Herausforderung an ihre Umwelt, aber mit der Zeit gelingt es den Skorpionen, eine Sprache zu entwickeln, die ihre Umgebung versteht. Dann genügt manchmal eine kleine Geste, um dem Partner die entscheidende Botschaft zu übermitteln.

Keine Heimlichkeiten

Skorpione lieben, das dürfte inzwischen klar sein, die direkte Art. Klare und eindeutige Worte sind ihnen wichtig. Heimlichkeiten sind ihnen grundsätzlich zuwider und schon der Hauch davon macht sie misstrauisch. Sie entwickeln ein untrügliches Gespür dafür, wenn etwas nicht stimmt. Daher hat es kaum Sinn zu versuchen, vor einem Skorpion etwas zu verbergen. Er wird es wittern!

Streitsüchtige Skorpione

Wenn Sie übermäßige Angst vor Streitigkeiten haben, sollten Sie die Kontakte mit diesem Sternzeichen auf ein Minimum begrenzen. Harmoniesüchtige machen bitte gleich einen Bogen um die Skorpione!

Mit enormer überschüssiger Energie ausgestattet, setzen sie diese bisweilen dadurch frei, dass sie einen wilden Streit vom Zaun brechen. Nicht wenige Skorpione können geradezu streitsüchtig sein.

Trotzdem sollte man beachten, dass in so einem Streit zwar manches gesagt wird, damit aber noch lange nicht „alles gesagt ist"! Skorpione bleiben Skorpione. Sie werden es wohl bis ans Lebensende nicht lernen, ihre Worte auf die Goldwaage zu legen.

Die eigenwillige Wohnungseinrichtung

Skorpione neigen nicht einer speziellen Stilrichtung zu. Es lässt sich auch nicht eindeutig bestimmen, zu welchen Einrichtungen sie in ihren Wohnungen oder Häusern neigen. Man findet bei Skorpionen edle Designer-Möbel ebenso wie Sperrmüll-Einrichtungen in buntester Mischung.

Eines allerdings fehlt selten, die sogenannte „okkulte Ecke". Hier wird der Skorpion alles das deponieren, was ihm innerlich wichtig ist. Vielleicht ist es ein

Amulett oder ein geheimnisvoller Schutzstein. Es ist mit Sicherheit ziemlich undefinierbar, aber für den Skorpion von enormer persönlicher Bedeutung.

Immer im Wandel

So wie die Wohnungseinrichtung die unterschiedlichsten Stilrichtungen beherbergen kann, so kann auch die Natur des Skorpions unterschiedliche Züge enthalten. Er ist weder ausgesprochen schlampig noch ausgesprochen ordentlich – er ist beides. Sie mögen sich fragen, wir er das unter einen Hut bringt, der Skorpion fragt sich das niemals.

Wenn es bei einem Skorpion zu unaufgeräumt wird, leiht er sich einmal im Monat einen Kleintransporter und entrümpelt kräftig. Alles, was gestern noch wichtig war, wird heute entsorgt. Der Skorpion ist wieder einmal in einem seiner zahllosen Wandlungsprozesse begriffen – innerlich und äußerlich.

Die bunte Truppe

Bei Skorpionen können Sie auf die unterschiedlichsten Menschen treffen. Da sitzt möglicherweise die Handleserin neben dem Bankkaufmann und daneben noch die Nachbarin, die gerade Streit mit ihrem Ehemann hatte. Das geht für den Skorpion reibungslos zusammen.

Skorpione laden nicht gerade ununterbrochen ein, aber wenn sie ein Fest geben, treffen Sie dort eine wahrhaft bunte Truppe an. Dafür wird es kein langweiliger Abend!

Himmel und Hölle

Wenn Sie sich für das Zusammenleben mit einem Skorpion entscheiden, müssen Sie ganz einfach wissen, dass Sie die Extreme von jetzt an in den eigenen vier Wänden haben. Bei einem Skorpion sind Himmel und Hölle gleichzeitig zu Gast.

Aber wenn Sie sich auf dieses tiefsinnige Tierkreiszeichen eingelassen haben, wird Ihr Leben kaum noch unter Langeweile leiden. Seien Sie mit Ihrem Skorpion immer wieder auf Überraschungen gefasst.

Der Skorpion liebt das Unergründliche, die ständige Verwandlung und die ausgeprägte Ruhelosigkeit!

Der Skorpion und sein Lebensstil

Ein Schritt vor dem Abgrund

Skorpione genießen ihr Leben in vollen Zügen. Sie sind alles andere als Stubenhocker oder Heimchen am Herd. Im Extremfall neigen sie sogar dazu, in Grenzbereiche des menschlichen Lebens vorzudringen. Im Himalaya über 8000 Metern ohne Sauerstoff herumzuklettern oder im Ballon den Pazifik zu überqueren, wären typisch „skorpionische" Aktivitäten: immer einen Schritt vor dem Abgrund.

Zum Glück treiben es nicht alle Skorpione so weit; aber Sympathie mit solchen Grenzgängern haben Skorpione allemal!

Mystische Romantik

Skorpione können tatsächlich romantische Neigungen entwickeln, aber natürlich auf „skorpionische" Art und Weise. Eine „Rosenkavalier-Romantik" ist natürlich nicht ihre Sache. Ihre Romantik enthält eine mystische Note, die eine andere Wirklichkeit zum Vorschein bringt.

Die Mondscheinnacht mit dem Skorpion hinterlässt zusätzlich einen gewissen Schauer und eine leichte Gänsehaut.

Die ewigen Anreger

Skorpione sind die „Regisseure des Lebens". Sie dirigieren und schieben an, wo immer sich Stillstand breitzumachen beginnt. Ihre innere Unruhe, ihre Zweifel an allem und jedem sowie ihre Rastlosigkeit beziehen auch andere mit ein. Ihr Umfeld muss in Bewegung sein, andernfalls suchen sie sich einen anderen Wirkungskreis.

Die Tiefsinnigen

Skorpione kann man nicht im eigentlichen Sinne des Wortes als gesellig bezeichnen. Damit würde man ihrem Tiefgang nicht gerecht. Wenn Skorpione sich unter Menschen begeben, dann hat dies einen tieferen

Sinn. Sie wollen nicht bloß oberflächliche Gespräche führen. Ihre Lieblingsthemen sind Liebe, okkulte Phänomene, Götter und Dämonen.

Die Großzügigen

Wenn die natürliche Hilfsbereitschaft der Skorpione angesprochen wird, erweisen sie sich in der Regel als ausgesprochen großzügig. Eines lassen sie sich allerdings nicht – ausnutzen! Ihre feinen Antennen zeigen einen Schmarotzer schon auf hundert Kilometer Entfernung an. Der Skorpion wird sich einer solchen Konfrontation dann aber nicht entziehen, sondern dem betreffenden Menschen eine gehörige Lektion in Sachen Selbsterkenntnis erteilen.

Maßhalten

Ein wohlmeinender Rat an die Skorpione könnte lauten: Maßhalten! Aber bei jenen Wesen, deren Motto „Alles oder Nichts" lautet, wird er wenig fruchten.

Skorpione neigen dazu, über die Stränge zu schlagen, was sich bei ihrer gewaltigen Kraft dann wirklich massiv äußert. Dazu steuern sie Ziele an, die schon bei nur dreiviertel Erfüllung nahezu übermenschliche Anstrengungen erfordern. Das wird allerdings einen Skorpion nicht abschrecken!

Der Skorpion
im Beruf

KAPITEL 2

Zielstrebigkeit

Die willensstarken Skorpione setzen sich stets ausgesprochen hohe Ziele, deren Verwirklichung sie dann mit großer Hartnäckigkeit, Durchsetzungskraft und vor allem Zielstrebigkeit verfolgen. Sie entwickeln hinsichtlich der Erreichung ihrer Wünsche einen eisernen Willen. So gelingt es ihnen in vielen Fällen, das zu realisieren, was sie sich in den Kopf gesetzt haben.

Ehrgeiz

Ähnlich stark ausgeprägt und mit der Zielstrebigkeit Hand in Hand gehend, ist bei den Skorpionen der Ehrgeiz. Allerdings stellt er bei ihnen keine blinde Kraft dar, die sie voreilig und überhastet handeln lässt, sondern er lässt sie gezielt und ruhig zu Werke gehen.

Kampfgeist

Probleme entmutigen einen Skorpion nicht, sie fordern ihn heraus und wecken unerschlossene Kraftreserven in ihm. Es kommt dann ein Kampfgeist zum Vorschein, der wahrhaft Berge versetzen kann. So gibt es keine Problemlage, aus der heraus der Skorpion keinen Ausweg findet.

Verschwiegen und verantwortungsvoll

Skorpione zeichnen sich durch zwei ausgesprochen wertvolle Eigenschaften aus – sie sind verschwiegen und verantwortungsvoll. Das ihnen entgegengebrachte Vertrauen ist gut eingesetzt und wird von den Skorpionen in Ehren gehalten.

Eine verantwortungsvolle Aufgabe, die einem Skorpion übertragen wird, ist bei ihm in den besten Händen. Zudem zeichnen sich Skorpione durch ein überragendes Organisationstalent aus.

Neue Wege

Der immer auf Wandlung und Veränderung ausgerichtete Skorpion ist sehr innovativ. Seine Neugierde regt ihn dazu an, sich neue Gebiete zu erschließen und neue Lösungswege für alte Probleme zu finden. Ein derart kreativer Geist, der noch dazu mit Cleverness und Durchsetzungskraft ausgestattet ist, macht sich für seine Firma schnell unentbehrlich.

Disziplin

Wenn der Skorpion bestimmte Strukturen oder Sachzwänge als notwendig und richtig erkannt hat, kann er sich selbst eine außerordentliche Disziplin auferlegen, um ihnen gerecht zu werden. Zudem kann er für die Verwirklichung der ihm übertragenen Aufgaben einen immensen Fleiß entwickeln.

Macht

Skorpione können leicht der Verführung der Macht unterliegen. Sie stehen gerne in der ersten Reihe und zählen zu den geborenen Führern. Da Macht aber nicht unproblematisch ist, muss der Machtmensch Skorpion sich streng beobachten, um sie nicht zu missbrauchen. Hier liegt ein erhebliches Gefahrenpotenzial.

Wie auch immer der Skorpion mit dem Thema „Macht" umzugehen lernt, ein Wörtchen mitreden möchte er auf alle Fälle.

Respekt vor der Leistung anderer

Skorpione haben keine Schwierigkeit damit, Respekt vor anderen Menschen und deren Leistungen aufzubringen. Aufgrund ihrer eigenen Kraft und ihres realistischen Blickes wissen sie genau, was es heißt, ein bestimmtes hohes Ziel anzustreben und zu erreichen. Gelingt dies einem anderen, zollt ihm der Skorpion neidlos Anerkennung und echten Respekt. Im normalen Leben kann sich dies auch als Loyalität gegenüber Kollegen und Vorgesetzten äußern.

Was Skorpione allerdings niemals zeigen werden, ist Unterwürfigkeit. Vor einem anderen zu buckeln oder „zu Kreuze zu kriechen" verbietet ihnen ihr Stolz. Dies hat auch nichts mehr mit ehrlicher Anerkennung oder Respekt zu tun. Stiefelleckerei ist das Letzte, was ein Skorpion in seinem Leben vollbringen würde.

Der Clevere

Skorpione zählen im Tierkreis zu denjenigen, die besonders schnell ihre Chance erkennen und clever zu nutzen wissen. Mit seiner scharfen Beobachtungsgabe erspäht der Skorpion die Lücke schneller als manch anderer und nutzt diese Einsicht zu seinem Vorteil.

Auf andere Menschen wirkt die Zielstrebigkeit nicht selten befremdlich und der Ehrgeiz, mit dem der Skorpion sein Ziel verfolgt und Sprosse um Sprosse auf der Erfolgsleiter erklimmt, stößt nicht wenige Menschen ab. Aufgrund dieses Verhaltens ist der Eindruck entstanden, Skorpione seien besonders rücksichtslos und „gingen über Leichen".

Es gilt hier jeweils im Einzelfall zu prüfen, ob dieser Eindruck zu Recht besteht. Grundsätzlich gilt jedoch festzuhalten, dass Skorpione nur das offen nach außen zeigen, was andere heimlich oder mittels der Intrige durchzusetzen versuchen.

Wenn der Skorpion rücksichtslos ist, dann ist er es zumindest mit offenem Visier. Das stellt natürlich keine Entschuldigung dar, nur die erträglichere Variante einer unerfreulichen Charaktereigenschaft.

Fehlendes Fingerspitzengefühl

Skorpione weisen eine Fülle an Begabungen auf, machen aber nicht immer das Beste daraus. In vielen Fällen stehen dem Skorpion sein kompromissloses Wesen und seine Unbelehrbarkeit im Wege. Wenn es gilt, ein wenig Diplomatie und Fingerspitzengefühl zu zeigen, wird der Skorpion schroff seine Meinung zum

Ausdruck bringen und auf seiner Position verharren, vor allem wenn er sie als richtig erkannt hat.

Diese Starrköpfigkeit verbaut dem Skorpion immer wieder erfolgversprechende Wege und lässt Türen vor ihm plötzlich ins Schloss fallen. Andere würden durch diese Rückschläge entmutigt, doch den Skorpion spornen sie an. Sich zu ändern, kommt ihm allerdings nicht in den Sinn.

Er wird nicht diplomatischer vorgehen, sondern immer wieder betonen: Ich bin einfach so, wie ich nun einmal bin.

Viel Feind, viel Ehr

Unzweifelhaft verfügen Skorpione über nahezu alle Eigenschaften, die sie befähigen würden, auf allen Gebieten große Erfolge zu erzielen. Unzweifelhaft schaffen es die Skorpione aber auch, sich so immer wieder mächtige Feinde zu schaffen – bedingt durch ihr ungezähmtes Wesen –, dass sich immer wieder Türen schließen, weil andere Menschen sie einfach ablehnen.

Kaum ein anderes Zeichen im Tierkreis muss sich mit einem solchen Ausmaß von Feindschaft auseinandersetzen.

Der scharfe Ton des Skorpions, seine Unduldsamkeit und schroffe Offenheit, ganz abgesehen von den häufigen Zornesausbrüchen, bedingen immer wieder die Ablehnung seiner Person durch sein Gegenüber.

Der große Kritiker und Zerschmetterer Skorpion muss zur Kenntnis nehmen, dass auch andere Menschen über Mittel verfügen, um sich zur Wehr zu setzen.

Abneigungen

Der Kompromisslose

Skorpione sind immer im Recht. Zumindest glauben sie es felsenfest. Wie kann dann jemand, der auf so einem Standpunkt steht, Kompromisse eingehen? Kann er eben nicht!

Große Diskussionen über unterschiedliche Standpunkte lehnt der Skorpion kategorisch ab. Seine Position ist die richtige. Und das war's dann auch schon. Wozu noch debattieren?

Der eigene Rhythmus zählt

Skorpione hassen es, wenn sich Dritte in ihren Lebens- oder Arbeitsrhythmus einzumischen versuchen. Sie verfügen über ihre eigene innere Struktur, und die allein zählt.

Manchmal arbeiten sie rasant, dann wieder tüfteln sie endlos an einem Projekt herum. Beides entspricht ihnen und niemand sollte sich hier mit gutgemeinten Ratschlägen einschalten. Das kann nur schiefgehen!

Der aufrechte Skorpion

Skorpione zählen nicht unbedingt zu den „Dienenden" im Tierkreis. Vor allem hassen sie jede Art von Duckmäusertum oder Unterwürfigkeit. Sie zeigen Rückgrat und gehen aufrecht durch das Leben.

Der leicht gekränkte Skorpion

Skorpione stehen nur sehr ungern in der zweiten Reihe. Sie sind stets darauf bedacht, Einfluss auszuüben und mitzugestalten. Sollte sich ihr Gegenüber diesem Einfluss entziehen, sind sie mitunter schwer gekränkt. Dies empfindet der Skorpion als eine persönliche Missachtung. Hört der andere nicht auf seine guten Ideen, ist er als Person für ihn gestorben. Und es ist nicht abzusehen – bei aller Sympathie des Skorpions für das Okkulte –, ob er ihn wieder zum Leben erweckt!

Der Skorpion weiß alles besser

Da Skorpione sich nichts sagen lassen, benötigen sie verständlicherweise riesige Freiräume. Fehlen diese und werden sie ihnen beschnitten, ist der Konflikt vorprogrammiert.

Da sie nicht nur alles besser wissen, sondern auch noch bereit sind, für das „Besser-Gewusste" mit ihrer skorpionischen Kampfkraft bis zum Letzten zu streiten, heißt es immer wieder: Ring frei!

Sollten Sie der Gegner sein, wäre es gut, den Skorpion niemals als Feind zu unterschätzen.

Immer wieder die Macht

Der Faktor „Macht" tritt im Leben der Skorpione immer wieder in Erscheinung. Manche sind so machtbesessen, dass sie mit eisernem Besen alles aus dem Weg räumen, was ihnen bei der Verwirklichung ihrer Ziele hinderlich erscheint. Zudem kommt hinzu, dass Skorpione grundsätzlich jeden Widerspruch hassen. Sie erwarten und fordern die uneingeschränkte Achtung der anderen Seite.

Der Skorpion kann sich zu den höchsten Höhen emporschwingen, er kann aber auch in den Abgründen des Lebens versinken. Gleiches gilt für seine Charaktereigenschaften. Ein gesundes Mittelmaß wird man beim Skorpion in aller Regel vergeblich suchen.

Der Streiter für Gerechtigkeit

Da Skorpione prinzipiell alle Formen von Ungerechtigkeit hassen, werden sie sich auch im Berufsleben dafür einsetzen. Vergünstigungen gibt es entweder für alle oder für keinen. Wenn diesbezüglich im Betrieb etwas im Argen liegt, wird der Skorpion sehr schnell darauf stoßen. Wenn es ihm dann nicht gelingt, den Missstand schnell abzuschaffen, wird er notfalls nicht zögern, sich bei der nächsten Betriebsratswahl als Kandidat aufstellen zu lassen.

 Skorpione sind in allen Lebenslagen die Streiter für die Sache der Gerechtigkeit.

Der unersetzliche Skorpion

Skorpione entwickeln sich aus verschiedenen Gründen sehr schnell zu den sogenannten „unersetzlichen" Mitarbeitern. Zum einen halten sie gerne alle Fäden in der Hand und üben perfekte Kontrolle aus und zum anderen zeichnen sie sich durch eine enorme berufliche Qualifikation aus.

Ein Skorpion wird selten ein durchschnittlicher Mitarbeiter sein. Entweder er wird eine Perle der Firma – oder er geht mit der Portokasse durch!

Die zähen Verhandler

Skorpione scheuen keine Konfrontation und sind Freunde offener Worte. Zudem sind sie unnachgiebig, wenn es um harte Verhandlungen geht. Notfalls sitzen sie so lange am Tisch, bis die andere Seite nachgibt, da sie Gefahr läuft, einfach vom Stuhl zu fallen. Der Skorpion wird dann immer noch aufrecht und hellwach die Lage beobachten.

Bei manchen Verhandlungspartnern kann diese harte Linie jedoch auch zu Misserfolgen führen, wenn die andere Seite es liebt, ein Ergebnis durch beiderseitiges Nachgeben zu erzielen. Hier sollte jeweils gut abgewogen werden, ob man einen Skorpion oder eine Waage zur Verhandlung schickt.

Die guten Rechner

Skorpione können gut mit Zahlen umgehen. Man kann ihnen bedenkenlos sein Geld anvertrauen, sie werden es, von wenigen Ausnahmen (Abgründe!) abgesehen, gut verwalten. Sie verfügen über die Fähigkeit, in entscheidenden Situationen, bei Auktionen oder im Börsenhandel, treffsicher die Lage einzuschätzen und die richtige Entscheidung zu fällen. Da sie trotzdem mit aller Umsicht vorgehen, sind sie die ideale Besetzung für Positionen, die Entscheidungskraft und Weitsicht erfordern.

Die ehrgeizigen Arbeitstiere

Skorpione wollen in absehbarer Zeit ans Ziel ihrer Mühen gelangen. Dafür setzen sie ihren nicht unbedeutenden Ehrgeiz mit aller Vehemenz ein. Im Betrieb macht sie diese Eigenschaft zu Arbeitstieren, auf die man wirklich zählen kann.

Wird bei Skorpionen das Verantwortungsbewusstsein auf die richtige Art und Weise angesprochen, leisten sie ungeheuer viel für eine Firma. Irgendwann aber muss es sich für sie auch auszahlen, sonst gibt es am Tag X einen großen Krach, schon weil das Gerechtigkeitsgefühl der Skorpione verletzt ist.

Der Skorpion und das Team

Die Empfindlichkeit und Reizbarkeit des Skorpions sorgen im Kollegenteam häufig für Verstimmungen. Der Skorpion ist daher nicht unbedingt die ideale

Besetzung in einem Arbeitsteam, denn nicht jeder kann mit der unverblümten, direkten und häufig schroffen Art des Skorpions ohne Probleme umgehen.

Er wird zwar oft wegen seiner enormen Fähigkeit im Stillen bewundert – aber beliebt ist er nicht! Kaum ein anderes Mitglied der Tierkreisfamilie hat so viele Neider und Bewunderer. Was wieder einmal für die extreme Gegensätzlichkeit des Skorpion-Wesens spricht.

Der Chef-Skorpion

Ein Rolle, die er von seinem Wesen her sehr zu schätzen weiß. Als Chef fühlt sich der zum Führer neigende Skorpion ausgesprohen wohl. Sicher ist er für seine Mitarbeiter nicht immer einfach, denn er erwartet großen Respekt und unbedingte Disziplin, dafür wird er stets gerecht und ohne Vorurteile beurteilen und gute Leistung stets anerkennen und honorieren.

Zeigen Sie Ihrem Chef Ihr wahres Leistungsvermögen – und er wird es nicht übersehen!

Schleimer haben keine Chance

Mag Einschmeicheln auch bei vielen Vorgesetzten wirken, beim Skorpion sicherlich nicht! Beim Skorpion-Chef hat der Schleimer-Typ nicht die Spur einer Chance. Bei ihm zählen nur Leistung, Leistung und nochmals Leistung. Natürlich verbunden mit überdurchschnittlichem Einsatz und einem Höchstmaß an Disziplin. Und seien Sie sicher, der Skorpion weiß genau, wer welche Leistung erbringt. Seinem scharfen Blick entgeht nichts!

Er hat das Sagen

Das Durchsetzungsvermögen des Skorpions wird auch nicht einen Augenblick Zweifel aufkommen lassen, wer in der Firma oder in der Abteilung das Sagen hat. Er (oder sie) natürlich!

Ganz nach der Charakterbildung des Skorpions wird er seine Mitarbeiter entweder zu motivieren wissen oder sie heillos überfordern. Gehören Sie zur zweiten Gruppe, sollten Sie besser rechtzeitig das Handtuch werfen, bevor Sie auf dem Zahnfleisch gehen; denn der Skorpion wird seine Ansprüche nicht zurückschrauben.

Selbstständigkeit

Der Freiberufler

Skorpione verfügen über ideale Voraussetzungen, um sich selbstständig zu machen. Sie zeichnen sich durch ein ausgeprägtes Durchsetzungsvermögen aus, sie verfolgen ihre Ziele mit großer Zähigkeit und sie besitzen eine scharfe Beobachtungsgabe, um Situationen und Gelegenheiten rasch richtig einzuschätzen. Dazu fehlt es ihnen nicht an Entschlusskraft, um im richtigen Moment die richtige Entscheidung zu treffen.

Skorpione können gut mit Geld umgehen und setzen ihre finanziellen Mittel als gute Investoren ein. Mit Ehrgeiz verfolgen sie dann das Wachstum ihrer

Firma und achten peinlich genau darauf, dass ihr keine Gefahr von außen droht.

Immer im Einsatz

Es ist ein offenes Geheimnis, dass Selbstständige weitaus mehr arbeiten müssen als Angestellte. Dieser erhöhte Einsatz verlangt ein entsprechendes Kraftpotenzial. Wiederum ist der Skorpion mit idealen Voraussetzungen ausgestattet. Er verfügt über enorme Kraftreserven, die auch bei extremer Belastung nicht abzunehmen scheinen.

 Eine optimale Grundlage für die eigene Firma!

Der Skorpion und das Recht

Skorpione sind die ideale Besetzung für den Posten des Staatsanwaltes oder des Rechtsanwaltes. Sie verfügen über die Fähigkeit, auch komplizierte Sachverhalte mit ihrer brillanten Analysefähigkeit zu durchdringen und aufzuschlüsseln.

Der Richter wird nach ihrem Plädoyer überzeugt sein, dass die Tatbestände so und nicht anders gewesen sein können. Schwierig wird es nur, wenn Staatsanwalt **und** Rechtsanwalt Skorpione sind. Ein harter Brocken für den Richter, denn beide Seiten werden sich mit Leidenschaft für die Rechte der Öffentlichkeit oder ihres Mandanten einsetzen.

Die Skorpione und die Technik

Skorpione erfassen relativ leicht auch komplizierte technische Sachverhalte, sodass auch dieses Berufsfeld keine schlechte Wahl für einen Skorpion wäre.

Motoren erfüllen sie mit besonderer Leidenschaft, was zu einer ausgeprägten Faszination für den Motorrennsport führen kann.

Hinzu kommt, dass Skorpione rasante Autofahrer sind, die zu einer erheblichen Risikobereitschaft neigen.

Der Chirurg

Skorpione sind nervenstark und lassen sich von ein wenig Blut nicht aus den Schuhen werfen. Da sie in Grenzsituationen fähig sind, überlegt zu handeln, eignen sie sich auch für eine medizinische Karriere. Die Unfallchirurgie wäre ein Feld, das Skorpione besonders anziehen könnte.

Ganz abgesehen von der Tatsache, dass sie hier mit ihrem Lieblingsthema „Tod und Grenzerfahrung" konfrontiert sind.

Der Wissenschaftler

Skorpione können sich in ein Gebiet, das sie fasziniert, regelrecht verbeißen. Wenn sie sich die Erforschung eines wissenschaftlichen Problems zum Ziel gesetzt haben, werden sie nicht eher ruhen, bis die Lösung vor ihnen liegt. Dabei werden sie sich auch nicht scheuen, mögliche unkonventionelle Wege einzuschlagen, um

zum Erfolg zu kommen. Wissenschaftliche „Tabus" behindern den Skorpion in keiner Weise. Er wischt sie mit einer Handbewegung vom Tisch.

Die Wirtschaft

Im Bereich Handel und Industrie könnte der Skorpion sehr erfolgreich sein, weil er eine „Nase" für große Deals besitzt. Mit seiner ausgeprägten Witterung erahnt er wirtschaftliche Entwicklungen und firmenspezifische Veränderungen lange im voraus. Dieses Wissen kann er dann blitzschnell in klingende Münze umsetzen, wenn der rechte Zeitpunkt gekommen ist.

Die schönen Künste

Die mystischeren Vertreter des Sternzeichens Skorpion, die einen besonderen Hang zur Innerlichkeit zeigen, werden von der Dichtkunst und der Schauspielerei angezogen werden.

In dem einen Metier vermag der Skorpion seine tiefsten Einsichten zu Papier und in die Öffentlichkeit zu bringen; in dem anderen kann er seine „Kunst der Verwandlung" verwirklichen. Wer ist wandelbarer als der Schauspieler, der heute den jugendlichen Liebhaber und morgen die Mutter Courage spielen kann?

Der Detektiv

Ein Hauch Sherlock Holmes steckt in jedem Skorpion. Die Möglichkeit, das Leben anderer Menschen auszuspionieren, bereitet nicht wenigen Skorpionen ein diebisches Vergnügen.

Ganz abgesehen von dem Umstand, dass es ihnen Einblick in fremde Lebenswelten verschafft und die Schleier vor den Menschenleben ein wenig lüftet.

Statt des Detektivs könnte es allerdings auch der Drogenfahnder oder der Undercoveragent sein.

Der sinnenfrohe Skorpion

Jene Skorpione, die dem sinnlichen Genuss zugeneigt sind, könnten Freude am Weinhandel finden. Das Aufspüren unbekannter Erzeuger, das Vermarkten neuer Produkte oder das Erschließen bisher unentdeckter Regionen fasziniert sie und befriedigt sowohl die wirtschaftliche Begabung als auch die Vorliebe für das gute Leben.

Der Skorpion
und die Liebe

KAPITEL 3

Das Paradies und die Unterwelt

Eine ernsthafte Angelegenheit

Für Oberflächlichkeiten ist der Skorpion nicht zu haben, schon gar nicht in der Liebe. Die Liebe ist eine viel zu ernste Angelegenheit, um damit zu spaßen.

So wird sich der Skorpion der Liebe mit der gleichen Entschlossenheit und Kompromisslosigkeit annehmen wie all der anderen Angelegenheiten seines Lebens.

Wenn er sich also der Liebe zuwendet, wird der Skorpion sich ihr ganz und gar verschreiben und bedingungslos sein ganzes Wesen in eine Beziehung einbringen. Eine „halbe Liebe" oder eine „halbherzige Liebe" gibt es mit einem Skorpion nicht!

Besitzergreifende Skorpione

Skorpione haben Schwierigkeiten, aufgrund ihres totalen Engagements in einer Beziehung, Freiräume für ihren Partner einzuräumen. Tatsächlich kann dies in der Praxis so weit gehen, dass sie den Geliebten/die Geliebte als „Eigentum eines Zweibeiners" betrachten, um die Besitzverhältnisse auch in der Wortwahl zu verdeutlichen. Solche Beziehungsstrukturen können natürlich nicht von Erfolg gekrönt sein.

Es muss daher für den Skorpion die Devise sein, möglichst schnell sein angeborenes Misstrauen aufzugeben und den Partner vertrauensvoll freizulassen. Leider wird es meistens jedoch so verlaufen, dass ein Skorpion erst Jahre der Erfahrung benötigt, ehe er bereit ist, in der Liebe mehr Freiheit gewähren zu können.

Die große Sehnsucht

Im Grunde ihres Herzens sind auch die Skorpione auf der Suche nach der großen, wahren Liebe. Allerdings werden sie wahrscheinlich die Letzten im Tierkreis sein, die es zugeben. Schon allein die Formulierung klingt nach Sentimentalität und romantischem Flair, also eine echte Zumutung für einen richtigen Skorpion.

Wenn er sich aber (wie sollte es anders sein!) doch auf die Suche begibt, wird er ganz besonders genau hinschauen. Der Skorpion wird es wissen wollen. Er kauft nicht die Katze/den Kater im Sack und halbe Sachen wird er auch nicht machen. Also dann viel Spaß mit der Liebe!

Gegenspieler ausschalten

Es wird niemand mehr davon ausgehen, dass der Skorpion sich dezent im Hintergrund hält und wartet, bis der oder die Angebetete zarte Signale aussendet und Interesse bekundet. Wenn der Skorpion glaubt, den Partner seiner Träume gefunden zu haben, wird er entschlossen zum Angriff übergehen und danach trachten, klare Verhältnisse herzustellen.

Da der Skorpion einen guten Geschmack hat, wird das erwählte Objekt der Begierde wahrscheinlich auch von anderen umworben werden. Pech für sie! Der Skorpion wird gnadenlos alle Mitbewerber aus dem Weg räumen. Hier gibt es kein Pardon, es geht es geht um das Ganze!

Sollten Sie also in der Situation des Mitbewerbers sein, legen Sie im Kampf mit einem Skorpion schon einmal die harten Bandagen an!

Vorsicht bei Flirts

Es kann nie schaden, sich vor einem heftigen Flirt erst einmal zu erkundigen, mit wem man es astrologisch denn zu tun hat. Gehört Ihr Auserwählter/Ihre Auserwählte zu den Skorpionen, sollten Sie nicht unberücksichtigt lassen, dass der Skorpion auf die schönen Augen, die Sie ihm machen, möglicherweise sehr heftig reagiert. Dann haben Sie ihn/sie am Hals und das kann zu allerlei Komplikationen führen, denn der Skorpion gibt nicht so schnell auf.

Position halten

Wenn Sie mit einem Skorpion verbunden sind, müssen wir hier nicht mehr ausführlich über dessen extreme Gegensätze sprechen. Sie wissen ohnehin, worum es beim Skorpion geht. Jetzt ist hauptsächlich Ihr Einfühlungsvermögen gefragt. Sie müssen erraten oder erahnen, welche Seite des Skorpions gerade die Oberhand hat, und entsprechend müssen Sie reagieren. Glückwunsch, wenn Sie es immer richtig machen. Sie sind ein psychologisches Genie!

Entscheidend im Umgang mit einem Skorpion ist vor allem, sich ihm gegenüber zu behaupten. Einem Skorpion alles durchgehen zu lassen, wäre ein fataler Fehler. Notfalls gilt es, einen Konflikt auch einmal auszutragen. Andernfalls werden Sie untergehen und das Machtgefühl des Skorpions mit jeder Niederlage nur noch stärker aufblähen. Wo bleiben Sie dann am Ende in so einer Beziehung?

Die leidenschaftlichen Skorpione

Zu den Abgründen des Skorpions zählt auch eine tiefe Leidenschaft. Wenn der oder die Richtige daherkommt, wird seine Gefühlswelt in Windeseile entflammt sein und er wird es ihn/sie wissen lassen. Dann sollten alle Menschen in seiner Umgebung entsprechend reagieren, denn in seiner Leidenschaftlichkeit wird der Skorpion alles niederreißen, was ihm bei der Erfüllung seiner Leidenschaft im Wege steht.

Feuer und Flamme

Wenn die Flamme der Leidenschaft lodert, wird der Skorpion für seine(n) Liebste(n) durchs Feuer gehen. In dieser Beziehung kann man sich auf einen Skorpion unbedingt verlassen.

Allerdings wird sein dominanter Wille in einer Beziehung stets die Lösungen vorgeben und alle Krisen und Konflikte auf seine Art regeln. Er weiß nicht nur, was für ihn gut ist, er weiß auch, was für seinen Partner/seine Partnerin das Beste ist. Und hier

beginnt es, problematisch zu werden. Wenn sein Partner die Dinge anders sieht, werden mit einem Skorpion schnell die Fetzen fliegen.

 Eine wirklich sehr heiße Beziehungskiste!

Der Skorpion-Blick

Echte Skorpione, Männer wie Frauen, fallen schon allein dadurch auf, dass sie immer ein Hauch des Geheimnisvollen, Faszinierenden umgibt. Dazu gehört im besonderen Maße der oft besprochene „Skorpion-Blick". Etliche Menschen können diesem durchdringenden, manchmal etwas starren Blick nicht standhalten.

Die Augen des Skorpions können eine Magie ausstrahlen, die einem erheblichen Teil der Menschheit unsympathisch und nicht ganz geheuer ist, für einen kleineren dagegen als Inbegriff der Magie und der Verzauberung gilt. Sie lieben es, diesem Blick und seiner Faszination zu erliegen.

Halsstarrig auch in der Liebe

Wenn die Regel im Zusammenleben mit Skorpionen schon grundsätzlich heißt: Man nimmt einen Skorpion am besten so, wie er ist, so gilt dies in der Liebe gleich zweimal.

Skorpione ändern sich in ihrer Einstellung zum Thema Liebe und Beziehung ohnehin nicht, oder nur so langsam, dass es kaum jemand bemerkt.

Skorpione können in ihren Ansichten über Beziehungen und Liebe so hartnäckig sein, dass sich selbst ihre ihnen wohlwollenden Freunde manchmal nur die Haare raufen und die Hände über dem Kopf zusammenschlagen können.

Der Spezialist für Missverständnisse

Die extreme Polarität bei Skorpionen kann sich im Beziehungsleben darin manifestieren, dass Sie heute mit einem Lebenskünstler den Himmel auf Erden erleben und morgen „Szenen einer Ehe" serviert bekommen, die absolut filmreif sind. Darauf sollten Sie sich unbedingt einstellen.

In vielen Fällen sind an solchen chaotischen Zuständen Missverständnisse schuld. Wahrscheinlich hat er oder sie im Büro angerufen und der Partner war bereits auf und davon. Das ärgert den Skorpion schon einmal grundsätzlich, weil es seine Pläne über den Haufen wirft. Dann fragt er sich: Warum weiß ich nicht Bescheid? Und schon ist die Krise da!

Natürlich wird bei der nächsten Gelegenheit die Nachfrage des Skorpions kommen und dann sollten Sie unbedingt eine überzeugende Antwort zur Hand haben. Schließlich soll aus der Krise ja keine Katastrophe werden!

Nur das Echte zählt

Wenn dem Skorpion schon im normalen Leben alles Aufgesetzte und Scheinheilige ein Greuel ist, so gilt dies in noch stärkerem Maße für sein Beziehungsleben. Er wird immer nach dem aufrichtigen, authentischen Partner suchen, der wirklich der ist, der er nach

außen zu sein scheint. Aufschneider, Snobs oder gar Anziehpuppen, männliche wie weibliche, sind dem klaren Skorpion zutiefst verhasst. Wie kann ein Mensch nur so oberflächlich sein?

Leidenschaft pur!

Unter allen Mitgliedern der großen Tierkreisfamilie ist der Skorpion der leidenschaftlichste. Skorpione möchten die Liebe pur erleben, ohne Schnörkel und Verzierungen. Dafür bringen sie ihre eigene Ehrlichkeit und Hingabe in die Beziehung ein und erwarten sie auch von ihrem Gegenüber.

Der Skorpion setzt aber auf die leidenschaftliche Liebe noch ein Sahnehäubchen – seine überirdische Sinnlichkeit. Oder sollten wir sagen: seine Übersinnlichkeit?

Spannend ist es mit einem Skorpion aber allemal!

Der Skorpion-Mann

Das bestimmte Etwas

Skorpion-Männer spalten die Damen-Welt. Entweder werden sie anziehend gefunden, mit jenem ganz speziellen Hauch von Sinnlichkeit, oder sie werden von den weiblichen Vertreterinnen im Tierkreis abgelehnt.

Bei der extremen Ausprägung der Skorpione kann diese Reaktion nicht verwundern. Sie werden ihr weibliches Gegenüber entweder fesseln, weil sie es total faszinieren, oder es verstört zur Seite treten lassen. Hier überwiegt dann die Abneigung vor dem extremen Skorpion jegliche mögliche Sinnlichkeit.

Er kommt schnell zur Sache

Der männliche Skorpion fackelt nicht lange. Wenn er die Dame seines Herzens, nach kritischer Prüfung, erwählt hat – will er sie auch! Sie muss zwar auch über Ehrlichkeit und Flexibilität verfügen, vor allem aber muss sie Sinnlichkeit in die Beziehung einbringen. Diese wird ganz schnell aktuell werden, weil der Skorpion sich nicht mit „halben Sachen" abspeisen lassen wird.

Wenn es beim Skorpion „gefunkt" hat, brennt es in kürzester Zeit lichterloh!

Ein Blick genügt

Ein Skorpion benötigt eigentlich keine lange Probezeit, um sich in eine Beziehung einzubringen. Eigentlich flirtet er nur, um das bestätigt zu finden, was ihm bereits auf den ersten Blick klar war. Sie ist es!

Nachdem er ihr ins Herz geschaut und alle Seiten ihres Wesens ausgelotet hat, wird es nunmehr ernst. Für Spielereien bleibt nun keine Zeit mehr.

Der Patriarch

Skorpion-Männer sind zwar für Ehrlichkeit und Gerechtigkeit, aber nicht unbedingt für gleichberechtigte Partnerschaft. Das ist zwar ein Widerspruch – aber die Realität! Wer wird denn behaupten wollen, dass es unter den Mitgliedern der Tierkreisfamilie immer gerecht und logisch zugeht?

> *Der Skorpion behält in einer Beziehung das Heft in der Hand und die Hosen an, auch wenn sie Röcke sind.*

Aber dazu später mehr! Unter den in diesem Sternzeichen Geborenen findet man zahlreiche patriarchalische Vertreter, die zwar mit allen Mitteln ihre Familie schützen, aber für diese auch sämtliche Verantwortung übernehmen und alle Entscheidungen treffen. Frauen, die das mögen, haben mit solchen Skorpionen den Himmel auf Erden. Jene, die es nicht mögen, sollten von patriarchalischen Skorpionen gleich die Finger lassen.

Die emotionalen Ausbrüche

Wutausbrüche und Streitigkeiten gehören zum Skorpion wie der Sturm zum November.

Damit sollte sich seine Partnerin rechtzeitig vertraut machen und frühzeitig abfinden. Tröstlich mag dazu die Erkenntnis sein, dass sich Skorpion-Männer hauptsächlich dann von ihrer ganz „dunklen" Seite zeigen werden, wenn sie unglücklich sind.

Vielleicht wird der Skorpion ja nur mit **Ihnen** glücklich. Dann werden Sie die „dunkle Seite der Macht" vielleicht nie kennenlernen.

Die raue Schale

Auch wenn die männlichen Skorpione große Freiräume benötigen und sich selbstbewusst geben, zählen sie doch auch zu den liebesbedürftigen Wesen. Auch bei ihnen verbirgt die raue Schale einen weichen Kern. Im Grunde ihres Wesens benötigen sie genauso viele Streicheleinheiten und Zärtlichkeit wie ihre Wasser-Kollegen aus dem Tierkreis (Fisch und Krebs).

Vielleicht müssen Sie allerdings bei einem Skorpion größere Geduld aufbringen, bis er Sie hinter die harte Schale schauen lässt. Aber dann hat es sich vielleicht gelohnt?!

Die Frau seiner Träume

Skorpione haben einen guten Geschmack. Ihre Traumfrau muss dieser Rolle wirklich genügen können. Sie soll zärtlich sein und den Sinnesfreuden nicht abgeneigt. Und natürlich muss sie über das „gewisse Etwas" verfügen, das den Skorpion von Anfang an zu fesseln vermag.

Eifersucht

Eine der unangenehmsten Eigenschaften des Skorpions ist seine geradezu schreckliche Eifersucht. Schon der kleinste Anlass kann dazu führen, dass er in einen Tobsuchtsanfall ausbricht. Wenn er Verdacht geschöpft hat, fährt er seinen Stachel aus und wird nicht eher wieder Ruhe geben, als bis sein „Eigentum" zweifelsfrei wieder in seinen Besitz übergegangen ist.

Das muss aber nicht heißen, dass damit jegliches Misstrauen erschöpft ist. Ganz im Gegenteil. Die Kontrollanrufe bei seiner Liebsten werden eher häufiger ausfallen, denn er möchte auf keinen Fall, dass die Verdachtsmomente wieder Nahrung bekommen. Dazu ist eben eine regelmäßige Überprüfung erforderlich.

Ob „sie" daran Freude hat!?

Zwischen Mimose und Emanze

Seine Erwählte stellt sich der Skorpion zwar anschmiegsam und gehorsam vor, doch darf sie keine Mimose sein. Sie kann notfalls auch ein gewisses Selbstbewusstsein an den Tag legen, doch darf dies nicht so weit gehen, dass sie seinen Führungsanspruch infrage stellt.

Eine mit einem männlichen Skorpion zusammenlebende Frau wird zudem permanent an sich arbeiten müssen, denn er wird ihr ihre Schwächen ständig unter die Nase reiben. Besser, sie stellt sie gleich ab, als endlos dieselbe Geschichte aufgetischt zu bekommen. Hier kann ein Skorpion geradezu penetrant sein.

Immer echt

Auch wenn Sie sich mit einem Skorpion und seinen Leidenschaften sowie den wechselnden Stimmungslagen herumschlagen müssen, trösten Sie sich mit dem Gedanken: Er ist immer echt! Der Skorpion verstellt sich niemals. So, wie er sich Ihnen gegenüber präsentiert, so ist er auch.

Und Ehrlichkeit in einer Beziehung stellt doch auch einen nicht zu unterschätzenden Wert dar. Oder nicht?

Die Skorpion-Frau

Die Energische

Weibliche Skorpione, also Skorpioninnen, zählen zu den energischsten Vertreterinnen im Tierkreis. Skorpion-Frauen bekommen, was sie sich in den Kopf gesetzt haben. Sie werden nicht passiv warten, bis Dornröschen von ihrem Prinzen erweckt wird, sondern sie greifen aktiv ins Geschehen ein.

Eine Skorpion-Frau sucht sich ihren Herzenspartner selbst aus. Hat sie ihn endlich gefunden, wird sie beharrlich „am Mann" bleiben, bis sich die Angelegenheit in ihrem Sinne geregelt hat.

Sex-Appeal

Männer werden kaum an einer Skorpion-Frau vorbeigehen können, ohne ihr nicht zumindest verstohlen einen Blick geschenkt zu haben. Sie verfügt über das „gewisse Etwas" und kann absolut sinnlich wirken. Schon allein diese erotische Ausstrahlung lockt das andere Geschlecht an.

Wenn sich dennoch der eine oder andere Herr zurückhält, dann dürfte es eher aus Scheu vor den magischen Augen der betörenden Skorpion-Frau geschehen, denn aus wirklichem Desinteresse.

Die verkörperte Eifersucht

Auch der weibliche Skorpion ist geradezu eine Inkarnation der Eifersucht. Es gelingt Skorpion-Frauen praktisch nie, ihr tief sitzendes Misstrauen abzulegen. *Ist er vielleicht doch gerade ...?*

Und schon geht das Ganze wieder von vorne los. Sie kann einfach nicht vertrauen. Wenn sie ihn dann auch tatsächlich „erwischt", wird er nicht mit „Gnade" rechnen können. Da kommt der Stachel des weiblichen Skorpions garantiert zum Einsatz!

Er entwischt ihr nicht

Wenn eine Skorpion-Frau „ihn" wirklich haben will, hat er kaum eine Chance. Sie wird alle Register ziehen und am Ende ihre Beute erlegt haben. Er hatte von vornherein keine Chance. Leider wusste er es nicht!

Die Emanzipierte

Skorpion-Frauen sind keinesfalls an Machos oder Paschas interessiert. Sie nehmen ihr Leben, und natürlich auch ihr Liebesleben, in die eigenen Hände. Sie wollen mitreden und sind im besten Sinne emanzipiert. Wenn es ihnen gegen den Strich geht, werden sie energisch ihre Position verteidigen.

Die Leidenschaftliche

Skorpion-Frauen sind feurige Geschöpfe! Wenngleich sie nicht ganz über das hitzige Temperament der Widder-Damen verfügen, so sind sie doch die leidenschaftlichsten Liebhaberinnen des Tierkreises. Bei einer Skorpion-Frau kann ein Mann an seine Grenzen stoßen, aber er wird die Nacht oder die Nächte mit ihr bis ans Ende seiner Tage nicht vergessen.

Manchen ist so viel Leidenschaft dann doch zu viel des Guten.

 Only some like it hot!

Die Einfühlsame

Trotz ihres Temperaments und ihrer Leidenschaftlichkeit ist die Skorpion-Frau ein ausgesprochen zuverlässiger Partner. Auf sie kann man sich einfach verlassen. Zudem wissen weibliche Skorpione meistens Rat in scheinbar ausweglosen Situationen.

Zeigen Sie einer Skorpion-Frau Ihre Bedürftigkeit oder Ihre seelische Notlage und Sie werden einem sehr einfühlsamen und hilfsbereiten Wesen begegnen.

Keinen laschen Partner

Skorpion-Frauen werden sich als Partner in der Regel Power-Männer suchen. Wenn ihr Geliebter zu lasch und behäbig ist oder sich als solcher nach einiger Zeit herausstellt, wird er entweder von ihr „Feuer bekommen" und aufwachen – oder sie wird verschwinden.

Mit Langweilern hält sich eine Skorpion-Frau nicht lange auf. Das erträgt ihr Temperament einfach nicht.

Ehrliche Komplimente nicht unerwünscht

Wenngleich weibliche Skorpione schleimige Schmeichler verabscheuen, so sind sie doch ausgesprochen aufgeschlossen für ein ehrlich gemeintes Kompliment.

Natürlich liebt sie es zu hören, dass sie für ihn „die Einzige", „die Schönste" und die „allein Geliebte" ist. Aber wehe, er meint es nicht ehrlich! Und Männer sollten nie aus den Augen verlieren, dass Skorpione alle Falschheit in Windeseile durchschauen!

Sie hat das Kommando

In einer Beziehung (außer mit einem Skorpion!) wird eine Skorpion-Frau meistens die Zügel in der Hand halten. Sie möchte das Kommando übernehmen und hat nicht vor, es irgendwann freiwillig abzugeben. Sie weiß, wo sie mit ihm hin will, und sie wird es ihn deutlich wissen lassen. Jetzt hat er die letzte Chance, noch vom anfahrenden Zug abzuspringen!

Die Vollblut-Frau

Die einen lieben sie wegen ihrer Sinnlichkeit und ihrer angeborenen Leidenschaft, die anderen stehen ihr wegen ihres ewigen Machtanspruches und ihrer Kompromisslosigkeit distanziert gegenüber. Wieder einmal scheiden sich am Skorpion die Geister.

Eines dürfte jedoch klar geworden sein: Die Skorpioninnen gehören zu den starken Vertreterinnen des Tierkreises und benötigen einen Partner, der ihnen ebenbürtig ist.

Der Skorpion und
seine Beziehungen

Der Skorpion und der Widder

 *Wer gewinnt die Oberhand?*

Zwischen Skorpion und Widder kann schnell eine Leidenschaft entbrennen. Damit sie auch langfristig Bestand hat, müssen beide vom anderen lernen. Nur wenn der eine auf den anderen eingeht, feinfühlig und einfühlsam, kann eine tiefe Verbindung entstehen.

Wenn es zwischen Skorpion und Widder kracht, kann allerdings leicht ein unversöhnlicher Konflikt entstehen und aus Partnern werden Rivalen. Um Streit zu vermeiden, müssen beide ihre kämpferischen Naturen in den Griff bekommen und Rücksicht auf den Partner nehmen. Da aber in beiden der gleiche Kampfgeist schlummert, stehen sie vor schwierigen Aufgaben.

Die Beziehung zwischen einem Skorpion und einem Widder wird nur dann Bestand haben, wenn sie sich bewusst machen, dass sich viele Konflikte dadurch lösen, dass sie den anderen als Spiegel sehen, der ihre eigenen Unvollkommenheiten reflektiert.

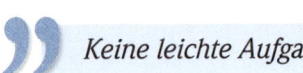 *Keine leichte Aufgabe!*

Der Skorpion und der Stier

Die beiden Gegen-Zeichen

Der Skorpion und der Stier stehen sich im Tierkreis genau gegenüber und bilden die sogenannten „Gegen-Zeichen". Häufig ergibt dies eine Kombination, die von großer Anziehungskraft bestimmt wird. Es ist ja ein altbekanntes Geheimnis, dass Gegensätze sich anziehen. Es darf aber nicht vergessen werden, dass die Gegensätze auch dann noch bestehen, wenn die Anziehung nachgelassen hat!

In Sachen Sex sind der Skorpion und der Stier ein heißes Pärchen. Es gibt eine immense Attraktion zwischen den beiden, weil sie es schaffen, sich über alle Tabus hinwegzusetzen. Diese beiden werden miteinander alles das ausleben, was sie sich schon immer von ihrem Partner erträumt haben. Allerdings müssen sie immer den Respekt vor dem anderen im Auge behalten, damit, bei aller Ekstase, nicht einer von beiden, menschlich betrachtet, auf der Strecke bleibt.

Bevor der Skorpion sich wirklich intensiv mit einem Stier einlässt, sollte er sich aber noch einmal ganz deutlich vor Augen führen, dass mit der Harmonie im Bett das Harmonie-Potenzial auch schon weitgehend erschöpft ist. Zum Glück denkt der Stier ja meist, bevor er handelt. Aber die Andersartigkeit des Skorpions könnte ihn zu unüberlegtem Handeln verführen.

Wenn am nächsten Morgen der Skorpion allerdings seinen Stachel ausfährt, kann die Zärtlichkeit und Sinnlichkeit der vergangenen Nacht ganz schnell verflogen sein. Sollte der Skorpion diesen Stachel dann

auch noch in die Flanke des Stiers bohren, wird dieser ganz schnell seine Sachen packen und das Weite suchen.

Der Skorpion und der Zwilling

Zu viel Tiefe schadet manchmal

Zwei Mitglieder des Sternkreises, die es auf keinen Fall einfach miteinander haben werden. Der Skorpion, ein Wesen mit außerordentlichem Tiefgang, wird den Zwilling in den meisten Fällen für zu oberflächlich halten. Sollte es dennoch zu einer Beziehung zwischen den beiden kommen, so werden die Kritiklust und die andauernde Bemühung des Skorpions, den Dingen auf den Grund zu gehen, dem Zwilling eines Tages zu viel.

Handelt es sich zwischen den beiden um eine intime Beziehung, werden sie mit einem zentralen Problem zu kämpfen haben – der Eifersucht. Die Eifersucht könnte **die** zerstörerische Kraft zwischen Zwilling und Skorpion werden.

Die Kombination, die noch am ehesten Aussicht auf Erfolg hat, ist jene zwischen dem Skorpion-Mann und der Zwilling-Frau. Hier bewirkt die große Andersartigkeit die anfängliche Faszination; doch wird auch auf diesem Feld schon relativ bald die Unterschiedlichkeit nicht mehr zu übersehen sein.

Wenn die Schwierigkeiten massiv werden, dürfte die Verbindung zwischen Skorpion und Zwilling dadurch zu einem Ende kommen, dass der Zwilling sich einfach in Luft auflöst. Eines Tages ist er ausgezogen. Und das war es dann auch!

Der Skorpion und der Krebs

 *Mit viel Gefühl*

Zwischen den zwei Wasser-Zeichen kann sich durchaus etwas Positives entfalten. Zuerst muss der Krebs allerdings seinen Schrecken überwinden, dass der Skorpion ihn einfach **will** – und zwar mit Haut und Haaren. Wenn er über diesen Schock hinwegkommt, könnte aus den beiden noch etwas werden.

Zwischen den beiden gefühlsbetonten Sternzeichen wird es zumindest eine Basis in den gemeinsamen Plänen zum Hausbau und zum Aufbau einer Familie geben. Das ist schon einmal ein guter Start und eine tragfähige Basis. Wenn dann noch eine feinsinnige Herzlichkeit Einzug hält, steht dem gemeinsamen Glück nicht mehr allzu viel im Wege.

Allerdings darf der Skorpion eines nie vergessen: Der Stachel darf gegen den zarten und verletzlichen Krebs niemals ausgefahren werden. Andernfalls ist es mit der Harmonie und dem Seelenfrieden ganz schnell vorbei.

Der Skorpion und der Löwe

 *Machtkämpfe sind vorprogrammiert*

Zwischen dem Skorpion und dem Löwen kann sich sehr schnell eine sehr starke körperliche Anziehungskraft bemerkbar machen. Hier können zwei Vulkane mit großer Intensität aufeinanderprallen. Beide sind ausgeprägte und starke Persönlichkeiten, die nicht so leicht zurückstecken werden.

Wenn es dem Skorpion und dem Löwen gelingt, sich auszusprechen, sich zusammenzuraufen und Toleranz füreinander zu entwickeln, können die beiden eine wahrhaft inspirierende Partnerschaft entwickeln. Hier begegnen sich zwei gleich starke Kräfte auf einer ausgeglichenen Basis.

Sind diese Voraussetzungen allerdings nicht gegeben und die Kräfte eher unausgewogen, wird es mit hoher Wahrscheinlichkeit zu sich endlos hinziehenden Machtkämpfen kommen. Am Ende bleibt dann wohl einer von beiden auf der Strecke.

Begegnen sich zwei so ebenbürtige Kräfte, zeigt sich, wie groß die menschliche Reife ist. Skorpion und Löwe können etwas aus ihrem Potenzial machen – oder kläglich scheitern.

Der Skorpion und die Jungfrau

 *Mehr Spannung als Harmonie*

Skorpione sind extreme Zeitgenossen. Sowohl im Leben als auch in der Liebe schlagen sie schwierig einzuschätzende Wege ein. Dies stellt für die Jungfrau, die unbedingt verstehen und einordnen möchte, eine gewaltige Herausforderung dar. Es dürfte wohl nur einer sehr selbstbewussten Jungfrau gelingen, sich dieser Herausforderung erfolgreich zu stellen.

Der Skorpion ist in der Welt der tiefen Gefühle zu Hause, während die Jungfrau schnell nach logischen Erklärungen sucht. Die Jungfrau ordnet und katalogisiert, während der Skorpion auf der Suche nach mystischen Abenteuern die Welt durchstreift.

Schwierig wird es auch, wenn der Skorpion die dunklen Seiten der Jungfrau erkennt und auch gleich zur Sprache bringt, wo diese sich doch so bemüht hatte, sie zu beerdigen oder zumindest gut zu tarnen.

Der Skorpion dürfte zu gewaltig und zu extremistisch sein, um der Jungfrau Raum für tiefes Vertrauen zu schenken. Hinzu kommt noch die Kritiksucht, mit der beide reichlich gesegnet sind. Wenn diese sich entfaltet, wird es ganz problematisch, denn beide können Kritik nicht sonderlich gut vertragen.

Der Skorpion und die Waage

 *Die Dezente und der Direkte*

Zwischen den im Sternzeichen des Skorpion Geborenen und jenen des Zeichens der Waage knistert es ziemlich. Spannungen und Konflikte sind angesagt!

Skorpione sind der Waage grundsätzlich suspekt. Dieses forsche, überaus direkte Zeichen kennt wenig Hemmungen und bedroht die Waage in ihrem sicheren Hafen, in dem Windstille und friedliches Wasser vorherrschen.

Skorpione übernehmen gerne das Kommando, eine Eigenschaft, die Waagen nicht gerade in Begeisterungsstürme ausbrechen lässt. Hier gibt es noch einen erheblichen Erklärungsbedarf.

Und dann die Eifersucht! Wenn der Skorpion bei diesem Thema wieder den Stachel zückt, um gegen die Waage vorzugehen, wird diese, die vielleicht gerade wieder einmal in großer Flirt-Laune war, vor der sich anbahnenden Szene Reißaus nehmen.

Wie soll sich in diesem Spannungsfeld eine lie-bevolle Beziehung entwickeln? Wirklich schwer zu sagen!

Der Skorpion und der Skorpion

 *Die Funken fliegen*

Natürlich werden sich männliche und weibliche Skor-pione verstehen. Sie spüren die gleiche Energie und Vitalität im Gegenüber – und das spricht sie an.

Skorpione untereinander werden sich streiten und dann wieder leidenschaftlich lieben. Die Zahl der hef-tigen Auseinandersetzungen wird nicht mehr zu zäh-len sein. Am besten, sie stellen ein eigenes Regal mit Porzellan oder Glas her, das nicht so kostbar ist, um genügend Wurfmunition zur Verfügung zu haben.

Da Skorpione aber gleich starke Persönlichkeiten besitzen, werden sie nur dann ihren Stachel zücken, wenn es gar nicht mehr anders geht. Dann kann es allerdings sehr heftig werden. Zum Glück dauern diese Streitereien nicht ewig und in vielen Fällen geht es danach ab ins Schlafzimmer, um heftigst Versöh-nung zu feiern. Die Energie zwischen „Vorspiel" und „Hauptgang" dürfte dabei kaum unterschiedlich sein. Skorpione streiten ebenso heftig und leidenschaftlich, wie sie lieben. Das kann seinen ganz speziellen Reiz haben.

Skorpione stellen füreinander eine gewaltige He-rausforderung dar, aber nicht selten eine äußerst fruchtbare!

Der Skorpion und der Schütze

Immer wieder die Freiheit

Schützen sind überaus freiheitsliebend, idealistisch und auf der zwischenmenschlichen Ebene überaus großzügig. Hier liegt ein erhebliches Problem. Während ein Skorpion unbedingt wissen möchte, was sein Partner gerade so treibt, sieht dieser nicht die geringste Veranlassung, ihm darüber Rechenschaft abzulegen. Das Motto des Schützen lautet: Ohne Vertrauen keine Partnerschaft!

So wird es immer wieder um ein zentrales Thema Konflikte geben: um die liebe Freiheit. Der Schütze wird sie vehement einfordern, der Skorpion sie engagiert einschränken. Hier liegt das größte Konfliktpotenzial in der Beziehung zwischen einem Skorpion und einem Schützen. Da beide sich nur schwer ändern, wird es ein Dauerthema sein.

Wo sich Skorpion und Schütze allerdings blendend verstehen werden, ist im Bett. Hier sind beide gleichermaßen kreativ und fantasievoll. Aber irgendwann muss man ja doch aus den Federn – und dann werden die beiden von den Problemen wieder eingeholt.

Der Skorpion und der Steinbock

 Zwei große Kritiker

Die Beziehung zwischen einem Skorpion und einem Steinbock kann sich etwas zäh gestalten. Beide sind überaus kritische Naturen und möglicherweise umschleichen sie sich so lange, um einander zu prüfen, bis die möglicherweise vorhandene Anziehungskraft im Umschleichen erschöpft ist. Das war's dann schon zwischen den beiden.

Zwar liebt der Skorpion am Steinbock seine Zuverlässigkeit und Aufrichtigkeit, doch sind Steinböcke absolute Dickschädel, die sich nur selten, und dann noch dazu äußerst widerwillig, belehren lassen. Sehr zum Missvergnügen des Skorpions.

Die Basis für eine kreative Beziehung zwischen den beiden Zeichen ist relativ gering, trotzdem kann es auch auf dieser Grundlage zu einer erfolgreichen Bindung kommen, wobei beide Seiten allerdings erheblich an sich arbeiten müssen!

Der Skorpion und der Wassermann

 Eros allein genügt nicht

Wie schon in der Beziehung zwischen Skorpion und Schütze, so stellt sich auch bei der Kombination Skorpion – Wassermann relativ schnell die Freiheitsfrage.

Der typische Wassermann ist ebenfalls ein sehr freiheitsliebender Vertreter des Tierkreises. Womit wir wieder beim Grundproblem des Skorpions sind: der Eifersucht und der Kontrolle. Wenn er diese Mechanismen bei seinem geliebten Wassermann anwendet, kann es dem Skorpion-Mann oder der Skorpion-Frau widerfahren, dass sie am Morgen aufwachen, um den Streit vom Vorabend fortzusetzen, aber es ist kein Wassermann-Mann (keine Wassermann-Frau) mehr da. Ihm/ihr wurde die ganze Geschichte zu eng, und daher hat er/sie sich aus dem Staub gemacht.

Dann müssen die beiden schmerzhaft feststellen, dass die starken erotischen Neigungen, die ihre Beziehung am Anfang so überaus prickelnd und interessant gemacht haben, nicht ausreichten, um eine langfristige Partnerschaft daraus zu formen.

> *Ein Wassermann lässt sich einfach nicht in Ketten legen – und seien es auch Ketten der Liebe!*

Der Skorpion und der Fisch

 *Hartes und Weiches*

Eine durchaus spannende Beziehung mit offenem Ende! Der verträumte, zarte und überaus romantische Fisch findet beim Skorpion eine starke Hand. Der Skorpion dagegen kann vom Fisch lernen, seine weiche Seite zu zeigen und sich auch einmal verletzlich zu geben. Wenn die beiden dieses Wechselspiel liebevoll und mit Respekt vor der Persönlichkeit und Eigenart des anderen entfalten lernen, kann es die große Liebe werden. Der Skorpion wird dann seinen Fisch sicher nicht mehr von der Angel lassen.

Im Schlafzimmer müssen die beiden sich allerdings erst annähern; denn die zartbesaitete Fischseele fühlt sich anfänglich wahrscheinlich von der skorpionischen Leidenschaft und erotischen Energie etwas überwältigt. Doch auch hier kann sich allmählich eine Vertrautheit einstellen, die auf Einfühlungsvermögen und Rücksicht aufgebaut ist.

Zwei Partner, die viele Entfaltungsmöglichkeiten vor sich haben, die allerdings auch an der Unterschiedlichkeit von „Weichem und Hartem" scheitern können.

Sexualität: Der Skorpion-Mann

Die Sklaven ihrer Triebe

Skorpion-Männer gelten als die leidenschaftlichsten Liebhaber des Tierkreises. Ihnen wird nachgesagt, sie seien geradezu die Sklaven ihrer Triebe.

Auf alle Fälle zählen sie, zumindest nach dem Wissen der Astrologie, zu den direktesten männlichen Wesen überhaupt.

Der vollendete Liebhaber

Wenn der Skorpion sich für eine Dame seiner Wahl entschieden hat, möchte er auch schnell „zur Sache" kommen. Entweder man mag oder man mag sich nicht. Falls das Erste zutrifft – dann aber bitte auch ganz!

Seine Auserwählte wird es nicht bereuen, denn das Liebesvermögen des männlichen Skorpions gilt als ganz außergewöhnlich und extrem fantasievoll. So wird er „ihr" lustvolle Stunden bereiten, die sie bestimmt nicht so schnell vergessen wird.

Er ist der Beste

Bei dem kaum noch zu überbietenden Selbstbewusst-sein des Skorpions braucht es keiner Beteuerungen, dass er „der Beste" war (und ist). Er weiß selbst am ge-nauesten einzuschätzen, wie das Liebesspiel war.

Sollte tatsächlich einmal ein Mangel seinerseits bestanden haben (fast nicht vorstellbar!), wird er ihn al-lerdings selbst zur Sprache bringen. An seinem inneren Selbstwertgefühl wird das nicht entscheidend kratzen.

Die Vergangenheit ist unwichtig

Er wird nicht nach ihrer Vergangenheit fragen. Es interessiert den Skorpion-Mann nicht, wer vor ihm da war. Er ist jetzt da!

Was vor ihm war, ist Geschichte, von jetzt an wer-den die Blätter im Tagebuch seiner Geliebten neu geschrieben. Und auf diesen Seiten wird nur einer auftauchen – der Skorpion.

Erotik ist wichtig

Erotik und Sexualität spielen im Leben eines Skor-pions eine bedeutende Rolle. Die erotische Ausstrah-lung seiner Partnerin ist ihm wichtig und nicht selten trifft er seine Wahl entsprechend. Auch hier allerdings sorgfältigst prüfend!

Ein Skorpion will sein Liebesleben schließlich ge-nießen, und zwar mehr als einmal. Also muss seine Partnerin diesbezüglich seine hohen Standards erfül-len, was nicht immer ganz einfach für sie sein dürfte.

Wenn das Feuer brennt

Skorpione können durchaus zärtliche Liebhaber sein,
doch lässt sich nicht leugnen, dass die Leidenschaft
die stärkste Kraft in ihnen ist. Wenn das Feuer der
Liebeslust in ihnen entfacht wird, kann es verzehrend
wirken. Wer vor dieser vulkanischen Energie zurück-
schreckt, sollte von einem Skorpion-Mann lieber die
Finger lassen.

Skorpione fordern und geben, aber sie fragen nicht
lange. Wenn die Leidenschaft lodert, handeln sie vollständig aus dem Bauch heraus beziehungsweise aus
einer noch etwas tiefer liegenden Ebene.

Sexualität: Die Skorpion-Frau

Das Raubtier

Den männlichen Lesern sei an dieser Stelle der gute
Rat gegeben: Vorsicht. Jetzt wird es ganz heiß!

Die Skorpion-Frau kann zur Raubkatze werden. Im
Tierkreis gilt der weibliche Skorpion als die Leidenschaftliche schlechthin. Hier kann ein Mann einem
ausbrechenden Vesuv begegnen. Er sollte es daher
wirklich „heiß" lieben.

Skorpion-Frauen reden nicht lange um den heißen Brei herum, sondern greifen an. Sie sind absolut
aktiv im Liebesspiel und entfalten dabei eine schier

unglaubliche Palette an ungewöhnlichen Einfällen. Die Nächte mit einer entfesselten Skorpionin wird **man** so schnell nicht vergessen!

Immer unter Hochspannung

Weibliche Skorpione sind außerordentlich fordernd. Sie halten ihre Liebhaber ständig unter Hochspannung; denn sie stehen selbst permanent unter Strom. Die Frage ist nur, hält „er" es aus oder springt irgendwann die Sicherung heraus?

Mit einer Skorpion-Frau sollten die betreffenden Männer jedenfalls unbedingt auf ihre körperliche Fitness und eine ausgewogene Ernährung achten. Ihr Körper wird es ihnen danken.

Männer mit dem gewissen Etwas

Skorpion-Frauen sind wählerisch; aber sie wissen, was bzw. wen sie wollen. Sie suchen Männer, die Persönlichkeiten darstellen und über Ausstrahlung verfügen. Bevorzugt wären das Männer mit dem „gewissen Etwas". Auf diese erotischen Wellen, die von „starken" Männern abstrahlen, spricht eine Skorpion-Frau verstärkt an.

Mit Haut und Haaren

Wenn eine Skorpion-Frau sich mit ganzer Liebe in eine Beziehung stürzt, so geht sie darin vollständig auf. Nicht selten hängt dann ihre gesamte Gemütsverfassung davon ab, wie es um die Beziehung bestellt ist.

Solche Ausschließlichkeitsansprüche stellen allerdings eine nicht unerhebliche Belastung für eine Beziehung dar.

Die Lehrjahre

In jüngeren Jahren werden weibliche Skorpione sehr oft zu älteren Männern hingezogen. Sie spüren dort eine größere Erfahrung und eine ausgeprägtere Liebesfähigkeit. Hier kann selbst eine Skorpion-Frau noch Erfahrungen sammeln. Man könnte diese Phase ihres Lebens auch ihre „Lehrjahre" nennen. Was sie in dieser Zeit in sich aufnimmt, wird später wie eine Explosion wieder aus ihr hervorbrechen. Dann allerdings verkörpert sie es in vollendeter Meisterschaft.

 Die Inkarnation von Erotik, Leidenschaft und Sinnlichkeit im Tierkreis!

Gesundheit

Allgemeine Ratschläge

Immer unter Spannung

Skorpione sind die „ewigen Kämpfer" der Tierkreisfamilie. Sie leben daher immer mit einem Gefühl der
Anspannung. Diese ständige Belastung, dieser perma-
nente Druck fordern irgendwann ihren Tribut. Skorpione sollten daher dringend auf Entspannung achten!

Jedes Kraftpaket ist irgendwann ausgepowert

Innerlich strotzen die Skorpione vor Kraft, nur haben
sie nicht in allen Fällen den Körper dazu. Trotzdem
leisten sie manchmal geradezu Übermenschliches,
was sich natürlich entsprechend auf ihre Gesundheit auswirkt. Bei Überbelastungen sind nicht selten
Muskelverspannungen die Folge. Wenn hier nicht
achtgegeben wird, setzen sie sich im Körper fest.

Schwäche eingestehen

Skorpione hassen nichts mehr, als nach außen schwach
zu erscheinen. Aufgrund dessen neigen sie dazu,
Warnsignale ihres Körpers zu missachten. Dieses Fehlverhalten kann dann Anlass zu Krankheiten werden.

Körpersprache

Wenn Skorpione auf die Sprache ihres Körpers achten
würden, könnten sie so manchen wertvollen Hinweis

empfangen. So würde ihnen möglicherweise aufgehen, dass Misstrauen sich irgendwann in Form von Verspannungen im Körper manifestiert.

Sie sollten daher unbedingt darauf achten, dass ihnen dieser grundsätzlich gesunde Körper erhalten bleibt und nicht durch psychologisches Fehlverhalten zerstört wird. Auch übermäßiger Ehrgeiz würde unter diese Warnung zu zählen sein.

Regelmäßig zum Onkel Doktor

Die immer in Extremen lebenden Skorpione, die alle Warnsignale und die Sprache ihres Körpers überhören, können nur noch dadurch zur Vernunft gebracht werden, dass sie regelmäßig den Arzt aufsuchen. Mit seiner Autorität werden dann Warnungen endlich ernst genommen, die vorher überhört wurden.

Die Schwachzonen des Skorpions

Astrologisch betrachtet, werden dem Skorpion die Geschlechtsorgane zugeordnet. Weibliche Skorpione leiden nicht selten unter schmerzhaften Menstruationsbeschwerden, die allerdings durch alternative Heilmethoden der sogenannten „sanften Medizin" gut zu behandeln sind. Hier kann mit einfachen Mitteln Linderung gebracht werden.

Bei männlichen Skorpionen ist die Prostata das Problemorgan und tatsächlich leiden Skorpion-Männer häufig unter Prostatabeschwerden.

Für beide Geschlechter kann daher nur erneut die Devise lauten: regelmäßige Vorsorgeuntersuchungen durchführen!

Die schwache Blase

Die Blase zählt bei den Skorpionen ebenfalls zu den Problembereichen. Hier heißt es, Vorsicht walten zu lassen und die schwache Blase so wenig wie möglich zu belasten. Ausgiebige Bäder in eiskalten Gebirgsseen wären hier natürlich „ideal" für Skorpione. Man darf solche Scherze aber nicht mit Skorpionen machen, denn sie finden die Idee so verrückt, dass sie sich sofort daranmachen, sie umzusetzen.

Es fällt ihnen außerordentlich schwer, nur aus Gesundheitsgründen auf etwas zu verzichten, was sie eigentlich gerne tun möchten.

Risiko

Skorpione probieren alles aus, was sie reizt, vor allem wenn es möglichst riskant ist.

Hören Sie sich einmal unter Bungee-Springern, Paraglidern und Drachenfliegern um, wie viele von ihnen im Sternzeichen Skorpion geboren wurden. Sie werden überrascht sein!

Dies ist umso problematischer, weil Skorpione tatsächlich ein erhöhtes Unfallrisiko haben. Hier wäre also weniger Risikobereitschaft dringend angeraten!

Vorsicht bei Mumps!

Vor allem bei männlichen Skorpion-Kindern sollte eine Mumps-Erkrankung sehr genau beobachtet werden. Hier empfiehlt es sich, in jedem Falle einen Arzt heranzuziehen; denn die Hodenerkrankung, die mit Mumps einhergehen kann, lässt sich gerade bei Skorpion-Jungen überdurchschnittlich häufig beobachten.

Ein guter Rat an den Skorpion

Einen Gang zurückschalten

Geben Sie einmal einem Skorpion einen guten Rat – ein nahezu aussichtsloses Unterfangen. Trotzdem soll an dieser Stelle noch einmal die Ermahnung ausgesprochen werden: Skorpione sollten lernen, zu bestimmten Zeiten im Jahr einmal einen Gang zurückzuschalten. Einmal für einen gewissen Zeitraum die „Seele baumeln zu lassen", könnte wahre Wunder bewirken.

Die Überforderung, der sie sich selbst ständig durch ihren enormen Ehrgeiz aussetzen, fällt nicht selten negativ auf ihre Gesundheit zurück.

Auch mentale Überanstrengung kann sich verhängnisvoll auswirken, daher müssen auch die Gedanken gelegentlich eine Auszeit nehmen dürfen.

Alle Formen von innerer und äußerer Anspannung bedürfen eines Gegenpoles!

Sport als Entspannung – nicht als Kraftakt

Skorpione, mit ihrer gewaltigen Vitalität, sind zumeist begeisterte Sportler. Leider wollen sie, nicht immer zur Freude ihrer Umgebung, stets die Ersten sein. Es wäre ratsam für den Skorpion, seine sportlichen Aktivitäten mehr unter dem Gesichtspunkt von Entspannung zu betreiben. Diesen Ansatz könnte er bereits durch die Wahl seiner Sportarten unterstreichen. So könnten die dynamischen Skorpione den Risiko- oder Kampfsportarten vielleicht entsagen und sich auf Tennis oder Golf umstellen.

Besonders empfehlenswert wäre auch eine regelmäßige Yoga-Praxis, die zudem der mystischen Seite des Skorpions sehr entsprechen würde.

Urlaub ist unverzichtbar

Skorpione sollten an ihrem Arbeitsplatz ein Schild anbringen mit der Aufschrift: Mein Urlaub ist mir heilig!

Kaum ein anderes Sternzeichen benötigt den Urlaub und die Zeit der Entspannung dringender als der Skorpion. Hier kann er endlich einmal loslassen und den Alltagsstress ablegen. Ein Urlaub am Meer, mit verwöhnenden Massagen und guter Lektüre, wäre die ideale Wahl für den Skorpion.

Der kranke Skorpion

Natürlich gibt es keine schrecklichere Situation für einen Skorpion als die, ans Bett gefesselt zu sein. Allein schon die Tatsache, auf die Hilfe anderer angewiesen zu sein, treibt ihm den Angstschweiß auf die Stirn und jagt ihm die Gänsehaut über den Rücken. Aber meistens wird der Skorpion derartigen Raubbau mit seinen Kräften treiben, dass es eines Tages so weit kommt.

Wenn er dann endlich auf der Nase liegt, kann man ihm nur raten, nicht zu früh wieder aufzustehen, sonst ist der Rückfall vorprogrammiert. Am besten lernt er, die Hilfe anderer dankbar anzunehmen; denn der Skorpion würde selbst im gleichen Falle ebenso handeln. Hilfe und Krankheit anzunehmen, bringt Genesung – Auflehnung bewirkt Verlängerung.

Sanfte Heilweisen für den Skorpion

Das wässrige Element

Dem Skorpion, als einem Wasser-Zeichen, werden alle Wasseranwendungen gut bekommen.

Die Sauna wäre der rechte Platz für ihn, sie dient der Gesundheit und der Entspannung, sodass der Skorpion zwei Vorteile auf einmal genießen könnte.

Kuranwendungen, wie Fango-Packungen oder Moor- sowie Schlammbäder, würden sich als überaus heilend erweisen. Ideal wäre es, wenn all dies noch in der Nähe eines Meeres stattfände.

Tiefengewebsmassage

Skorpione neigen dazu, durch Belastung oder Stress Verspannungen im Muskelbereich des Körpers anzusiedeln, die teilweise lang anhaltend und äußerst schmerzvoll sein können. Hier ließe sich durch Tiefengewebsmassage Linderung erzielen, wobei der Prozess der Massage selbst aber recht schmerzhaft sein wird. Ein Skorpion ist glücklicherweise diesbezüglich nicht sehr empfindlich.

Yoga und Meditation

Yoga ist eine ideale Entspannungsform für den Skorpion. Dabei sollte er allerdings beachten, dass es nicht darum geht, mit großem Ehrgeiz möglichst komplizierte Körperstellungen zu erlernen. Yoga hat eine viel größere Bandbreite und sollte ihm vor allem dazu dienen, zu innerer Entspannung zu finden und die inneren Batterien wieder aufzuladen.

Gerade der Skorpion würde die positiven Wirkungen der Meditation als besonders wohltuend empfinden. Da er immer unter Anspannung steht, nimmt er es überaus deutlich wahr, wenn die Spannung in den Nervenbahnen einmal absinkt.

Sterbe-Seminare

Der Skorpion, für den das Sterben und Werden sowie die Todesproblematik immer ein zentrales Thema sein werden, wäre gut beraten, einmal an einem „Sterbe-Seminar" teilzunehmen, das auf den Gedanken und Prinzipien von Elisabeth Kübler-Ross aufgebaut ist. Hier könnte er an eine Welt herangeführt werden, die ihm möglicherweise anfänglich noch fremd ist, die er sich aber mit fortlaufender Dauer des Seminars erschließen würde. Am Ende würde das Vertrautsein mit dem Thema Tod stehen. Eine grundlegende und überaus wichtige Erfahrung für alle Menschen, ganz speziell aber für den Skorpion.

Das Bachblüten-Mittel

Kaum eine andere sanfte Heilweise hat in den vergangenen Jahren eine solche Erfolgsstory aufzuweisen wie die Blütenmittel von Dr. Edward Bach. Ihre geniale Einfachheit macht das Geheimnis ihres Erfolges aus. Für jedermann leicht anwendbar, sind die Pflanzenessenzen dennoch überaus wirksam.

Das Bachblüten-Mittel für den Skorpion ist
CHICORY (Wegwarte).

Der Skorpion ist ein Fix- und ein Wasserzeichen und symbolisiert nicht nur stehende Sümpfe und Teiche, sondern auch Eis, die wie der irdische Skorpion von Sonne und Hitze ausgetrocknet werden, so wie auch die Schlange vor dem Angesicht Gottes klein wird. Jene Schlange „Dan", mit der die alten Hebräer den Skorpion in Verbindung brachten.

In den Legenden der Alten kommt aber nicht immer zum Ausdruck, dass der Skorpion wahrhaft das Zeichen der Erlösung und Errettung ist. Er ist das Zeichen der Verwandlung. Aus den größten Sündern werden gemäß der heiligen Schriften die größten Heiligen.

Ähnlich verhält es sich auch mit dem „Faust". Goethes Faust stellt das skorpionische Ideal dar, das die Versuchung übersteht. Obwohl er seine Seele dem Teufel verkauft hat, erfährt er Erlösung und wird von einem Engelschor in den Himmel erhoben.

Es überrascht kaum, dass die unter dem Zeichen Skorpion Geborenen aufgrund ihrer starken und häufig bestimmenden Charakterkräfte mit einer Mischung von Ehrfurcht und Distanz betrachtet werden. Sie neigen von Natur aus zur Verschlossenheit, offenbaren sich niemals und sind deswegen schwer zu verstehen.

Chicory – Wegwarte

Menschen, die Chicory nehmen sollten, blockieren den Impuls, bedingungslose Liebe zu schenken. Strömt diese Energie nach innen, so werden die im Allgemeinen nach außen fließenden Kräfte der Liebe, Energie und des Wissens zu einer Gefahr und mögen stattdessen ihren Ausdruck in egoistischer Machtgier oder in Habsucht und Geiz finden.

Der Chicory-Typus ist eifersüchtig und besitzergreifend. Er versucht, die Menschen, die er mag, in einem Zustand beständiger Abhängigkeit zu halten, und engt sie manchmal sogar ein. Beständig kritisierend, sucht er, das Leben anderer zu beherrschen und zu leiten. Chicory-Menschen dürfen mit Müttern verglichen werden, die ihre ehrgeizigen Pläne für ihre Kinder vor ihre Liebe zu ihren Kindern stellen.

Was eigennützige Pläne betrifft, so nutzt der Chicory-Typus die Sympathie und das Mitgefühl anderer aus. Werden seine Pläne vereitelt, spielt er den

Märtyrer und wird vielleicht auch krank, um die Sympathie und Aufmerksamkeit anderer zu gewinnen.

Hinter dem gierigen Wesen des Chicory-Charakters verbirgt sich das Verlangen nach Verständnis. Er fürchtet sich vor Abhängigkeit und sucht deshalb stets, die Oberhand über andere zu gewinnen.

Konstruktive Chicory-Typen sind selbstlos, wenn sie einem „Plan" dienen. Sie sind beispielhafte Führer, da sie nie jemanden bitten, etwas zu tun, das sie nicht von sich selbst verlangen würden. Sie sind unermüdlich in ihren Bemühungen, sich für andere einzusetzen. In dieser Rolle gleichen sie Spartakus – sie verteidigen die Schwachen und Unterdrückten. Voller Mut setzen sie ihre Liebe bei Auseinandersetzungen für Dinge ein, die es wert sind. Ihre Fähigkeit, die Schwächen anderer zu entdecken, macht sie zu unerbittlichen Feinden des Bösen. Sie erheben sich gegen das Böse und verteidigen voller Treue die Unschuldigen.

Das Aura-Soma-Mittel

Eine weitere sanfte Heilweise ist die Aura-Soma-Therapie, eine Kombination aus Aroma-, Farb- und Lichttherapie. Da die vielen Ölfläschchen, die wunderbar duften und sehr schön anzuschauen sind, nicht allgemein zu einem Sternzeichen zugeordnet werden können, empfiehlt es sich, einen der vielen Aura-Soma-Therapeuten zurate zu ziehen, die heute praktisch in jeder mittelgroßen Stadt anzutreffen sind.

Essen und Trinken

Der Skorpion in der Küche

Zauberer auf Zeit

Der Skorpion ist nicht gerade ein leidenschaftlicher Koch, wenn er aber kocht, kocht er leidenschaftlich. Dann kann er geradezu wie besessen in der Küche zaubern und die verrücktesten Kreationen auf den Tisch des Hauses bringen. Meistens halten solche „Kochphasen" allerdings nicht sehr lange an und so kann es ohne Weiteres geschehen, dass der Skorpion am nächsten Tag einen riesigen Bogen um die Küche macht. Die Kochphase ist vorüber.

Die Magier der Küche

Was Skorpione in der Küche anstellen, grenzt schon ans Fantastische. Sie sind die wahren Magier der Küche! Was ihren Herd verlässt, ist einfach absolut perfekt. Ihre Gäste können häufig nicht einmal nachvollziehen, wie diese Gerichte sich zusammensetzen. Skorpione kochen mit Raffinesse, Esprit, Einfallsreichtum und ungewöhnlich viel Hingabe. Und ihre Küchengeheimnisse behalten sie natürlich für sich!

Es darf gelobt werden

Während die Küche in der eigentlichen Kochphase für Besucher eine „verbotene Zone" ist, darf hinterher durchaus diskutiert, spekuliert und gelobt werden, wobei der Skorpion bekannterweise für reine Schmeicheleien nicht empfänglich ist. Zudem weiß er selbst am besten, welches Gericht vollendet gelungen war und wo noch das letzte Tüpfelchen gefehlt hat.

Skorpione stellen auch in der Küche hohe Ansprüche an sich und diese allein sind bei der Beurteilung des Festmahles ausschlaggebend.

Das Küchen-Laboratorium

Eine Skorpion-Küche lässt sich nicht eindeutig beschreiben. Sie kann von der modernsten Designerküche bis zu Großmütterchens Backstube alle Aspekte aufweisen. Nicht selten sind große Mengen von Kräutern und fremdländische Gewürze zu finden, sodass die Küche eher einem alchemistischen Laboratorium gleicht als einem Gourmet-Tempel.

Das hängt auch damit zusammen, das viele Tütchen und Päckchen ausgesprochen exotisch aussehen, da der Skorpion sie in seinem „Geheimladen" erworben hat. Natürlich weiß er um ihre seltsamen Wirkungen, denn er ist und bleibt der Zauberkünstler der Küche.

Vom Big Mac zum Ritz

Die extremistischen Skorpione sind in ihren Essgewohnheiten überhaupt nicht zu bestimmen. Man findet unter ihnen passionierte Chips-Esser und ausgesprochene Gourmets. Manchmal sind diese zwei Persönlichkeiten sogar in einer Person vereint. Heute in den Schnellimbiss zum Burgeressen und morgen

ins Ritz mit den fünf Sternen. Ganz wie dem Skorpion gerade der Sinn steht.

Skorpione sind diesbezüglich wirklich sehr schwer einzuschätzen und entsprechend wechselhaft gestalten sich auch ihre Koch- und Restaurantneigungen.

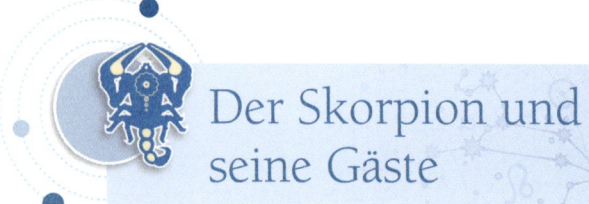

Der Skorpion und seine Gäste

Der rare Gastgeber

Ein Skorpion lädt nicht sehr oft ein. Wenn es aber doch geschieht, steckt meistens ein bestimmter Zweck hinter der Einladung. Vielleicht leitet ihn die Absicht, dass zwei seiner Freunde sich endlich kennenlernen sollten.

Manchmal treibt ihn aber auch nur das Vergnügen, einfach die unterschiedlichsten Charaktere einzuladen und sich dann an der prickelnden Atmosphäre zu ergötzen. So ganz genau weiß nur der Skorpion selber, was ihn denn nun zu der Einladung bewogen hat.

Der Nachtmensch

Skorpione sind Nachttiere. Daher wird ein Skorpion nicht zum Kaffeeklatsch einladen – solche faden Zusammenkünfte verabscheut er. Da kann er schon eher zur Mitternachtsparty laden, am liebsten bei Vollmond. Solche atmosphärisch dichten Momente liebt seine mystische Natur. Mit kitschiger Romantik hat dies beim Skorpion allerdings nichts zu tun, eher bevorzugt er die geheimnisvolle Note, die eine solche Einladung in sich birgt.

Exotische Speisen

Wenn Sie als Gast bei einem Skorpion eingeladen sind, sollten Sie sich auf Einiges gefasst machen. Es steht nicht zu erwarten, dass es Sauerbraten mit Klößen oder Rostbratwurst gibt. Skorpione neigen nicht zur Hausmannskost, sondern fühlen sich eher zu Schalentieren hingezogen. So könnten neben Muscheln, Austern und Scampi durchaus auch Schnecken den Tisch zieren. Lassen Sie sich dadurch nicht verunsichern. Sie probieren sie einfach! Im gegenteiligen Fall könnte Ihr Skorpion-Gastgeber Ihnen Ihre Ablehnung möglicherweise etwas übel nehmen. Das wollen Sie doch sicherlich vermeiden?!

Die Tischordnung

Eigentlich überflüssig zu erwähnen, dass es bei Skorpionen eine ganz spezielle Tischordnung gibt. Mit dieser hat es natürlich etwas auf sich, denn der Skorpion möchte unter allen Umständen die Fäden in der Hand halten, die er doch für diesen Abend so fein gesponnen hat.

Zudem bestimmt der Skorpion den Verlauf des Abends. Er stellt entsprechende Fragen und leitet das Gespräch in gewisse Bahnen, die ihm passend erscheinen. Auf keinen Fall wird sich ein oberflächlicher Small Talk ergeben, sondern die Unterhaltung folgt weit eher den Spuren geheimnisvoller Vorgänge und

mystischer Geschehnisse. All dies spielt sich in einer Atmosphäre perfekter Gastlichkeit und lukullischer Genüsse ab.

Kein Perfektionismus

Wenn Sie bei Skorpionen zu Gast sind, müssen Sie nicht peinlich darauf achten, ja keinen Tropfen Rotwein am Glasrand herunter auf die edle Damastdecke laufen zu lassen. Es geht zwangloser zu. Nach dem Gelage wird auch nicht sofort der Tisch abgeräumt, sondern das perfekte Chaos darf weiter bestehen. Skorpione sind einer gewissen Unordnung nicht abgeneigt und die Flecken auf der Decke stellen für sie kein Problem dar, sondern sind eher das Zeichen einer ekstatischen Genusssucht, für die sie viel Sympathie empfinden.

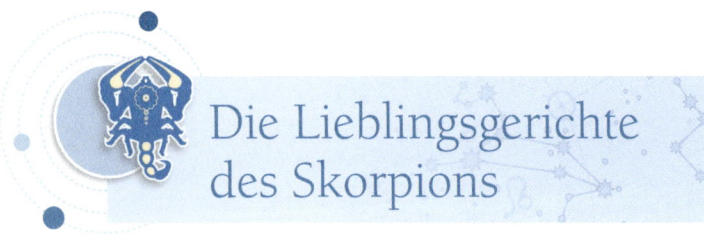

Die Lieblingsgerichte des Skorpions

Von der Pommes-Bude zum Feinschmeckerlokal

Es lässt sich beim Skorpion fast nicht vorhersagen, zu welchen Essgewohnheiten er neigt. Zwar gibt es die exotische Neigung, aber er fühlt sich durchaus auch in der Pommes-Bude an der Ecke zu Hause.

Geheimtipps

Skorpione lieben Geheimtipps! Man trifft Skorpione besonders zahlreich dort, wo man zum einen exotisch speisen kann, zum anderen aber, und mindestens genauso wichtig, wo man interessante Menschen mit fremdländischen Gebräuchen und Sitten beobachten kann.

Der Skorpion wird sich dann in eine dunkle Ecke zurückziehen, wo er ungestört beobachten und genießen kann.

Der Extremist

Viele Skorpione sind Fleischesser, obwohl die Wasser-Zeichen (Krebs, Fisch, Skorpion) nicht unbedingt der Fleischküche frönen.

Das feurige Wasser-Zeichen Skorpion neigt jedoch auch hier zu Extremen. So kann er ein fanatischer Verfechter des Vegetarismus sein oder Vegetarier als absolute Spinner einstufen. Einen Mittelweg wird es kaum geben.

Das Exotische

Ungewöhnliche Speisen sind für ihn faszinierend. Kräuter zählen zu seinen Vorlieben und er wird begeistert sein, wenn er auf ein Gericht stößt, dessen Kräuter oder Gewürze ihm unbekannt waren.

Trüffel, Muskat und Meeresfrüchte zählen zu seinen Lieblingen, sie lassen sich zudem in den verrücktesten Formen variieren.

Ein typisches Skorpion-Rezept:

OCHSENSCHWANZSUPPE AUF KANTON ART

1 kg geputzter Ochsenschwanz	Lauch
10 g getrockneter Ginseng	Sellerie
einige Wan-Tan-Blätter	Karotten
100 g Gau Wong (chinesischer	Zwiebeln
Schnittknoblauch)	Salz, Pfeffer, Muskat
Wirsing (oder Mangold)	

Den in kleine Stücke geschnittenen Ochsenschwanz aufkochen, Lauch, Sellerie, Karotten und Zwiebeln sowie den Ginseng hinzufügen und das Ganze zwei Stunden bei schwacher Hitze köcheln lassen.

Den Gau Wong schneiden und mit dem Wirsing oder Mangold in einer Schüssel vermengen. Man kann auch einige geröstete Cashew-Nüsse hinzufügen. Die Masse dann würzen, sorgfältig aufteilen und in die Wan-Tan-Blätter füllen. Diese gut verschließen! Die Wan-Tan-Blätter in gut gewürzte, kochende Brühe geben und zwei bis drei Minuten darin ziehen lassen.

Zum Schluss wird das Fleisch von den Ochsenschwanzknochen gelöst, gewürfelt und mit dem Wan Tan und den restlichen Gemüseeinlagen in der Suppe serviert. Eventuell noch ein paar dünne Glasnudeln hinzufügen, auch kleine Graupen eignen sich für diese chinesische Ochsenschwanzsuppe.

Am Schluss folgen dann noch die speziellen „Geheimkräuter", die allerdings dem skorpionischen Küchengeheimnis unterliegen und daher an dieser Stelle nicht genannt werden können!

Die Lieblingsgetränke des Skorpions

Wenn der Skorpion asiatisch oder stark gewürzt gekocht hat, wird er besonders gerne zu seinen Lieblingsgetränken greifen – sehr gute alte Rotweine und lange gereifter Port. Eine traumhafte Kombination von Essen und Trinken. Notfalls aber auch ohne Essen zu genießen.

In den meisten Fällen wird der Skorpion seinen Weinen nicht gerade in Maßen zusprechen; aber Skorpion-Abende sind ja lang!

Wie man einen Skorpion verwöhnt

Ein Abend voller Unwägbarkeiten

Einen Skorpion zu verwöhnen, ist keine ganz leichte Angelegenheit. Sein Geschmack ist einem raschen Wandel unterworfen. Eine Einladung, die Sie sehr gut vorbereitet haben, könnte möglicherweise im Schnellimbiss enden – der Skorpion war heute nicht für ein Edelrestaurant aufgelegt.

Glauben Sie auch nicht, dass er Ihnen zuliebe trotzdem mitgehen würde. Nein, er sagt Ihnen, was er denkt. Und das wird dann auch umgesetzt. So einfach ist das!

In intimer Atmosphäre

Wird doch aus der Abendeinladung etwas, sollte es kein lärmiger Popschuppen mit oberflächlichen Leuten sein. Hier wird sich der Skorpion schnell wieder verabschieden.

Es darf eher melancholisch zugehen. Ein kleines Restaurant in intimer Atmosphäre, in dem gut gekocht wird. Das Licht sollte gedämpft sein, eher im Spelunken-Stil, damit er in seinem versteckten Eck die interessanten Leute im Lokal ungestört beobachten kann.

Der Skorpion selbst will nicht auffallen, sondern er spielt den Beobachter, der im geeigneten Moment ins Geschehen eingreift.

Von Copperfield zum Flamenco

Es gibt eine riesige Bandbreite von Angeboten, mit denen Sie einen Skorpion reizen könnten. Von Copperfields magischer Show bis hin zum temperamentvollen Flamenco-Abend kann da die Palette reichen. Hauptsache, es ist ungewöhnlich – und vielleicht ein wenig geheimnisvoll.

Vielleicht sollten Sie aber lieber den ganzen Abend vorher mit Ihrem Skorpion absprechen, denn manchmal fühlt er sich durch Einladungen übergangen und könnte dann auf stur schalten. Damit wäre der Abend dann erledigt; und das sollten Sie tunlichst vermeiden!

Genießer oder Asket

Genießer *und* Asket

Skorpione vereinen beide Aspekte in ihrer Persönlichkeit. Kaum ein anderes Wesen des Tierkreises kann so exzessiv leben wie ein Skorpion. Er schlägt wirklich oft über die Stränge.

Der Rotwein kann in Strömen fließen und die Tische werden gefüllt, bis sie sich zum Boden durchbiegen.

Dann aber kann er wieder in eine völlig asketische Phase einschwenken. Der Wandel ist sein Element und sein Wesen ist ständig auf der Suche.

Die dunkle Seite des Lebens

Manch ein Skorpion fühlt sich von der dunklen Seite des Lebens derart magisch angezogen, dass er sie unbedingt erleben muss. So sind den männlichen Skorpionen die Rotlichtbezirke nicht unbekannt, während weibliche Skorpione wiederholt Bekanntschaft mit Armutsbehausungen gemacht haben.

In allen diesen Extremsituationen, zwischen Fülle und Mangel, zwischen Genuss und Askese, bleibt der Skorpion aber immer er selbst.

Der Skorpion als Kind

KAPITEL 6

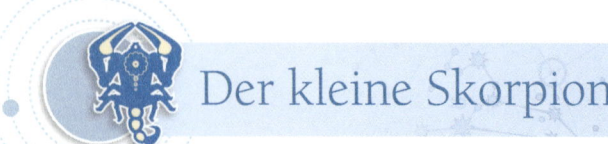

Der kleine Skorpion

Kleine Persönlichkeiten

Skorpion-Kinder kommen mit gewaltiger Kraft auf diesem blauen Planeten an. Sie sind physisch wie psychisch regelrechte Kraftpakete, die nur ein wenig Unterstützung seitens der Eltern benötigen, um ihr gewaltiges Potenzial voll zu entfalten.

Wenn Sie einen kleinen Skorpion erziehen müssen, sollten Sie begreifen lernen, dass er schon früh eine starke Persönlichkeit zeigt, die sich nur sehr schwer lenken oder anleiten lässt.

Die feinfühligen Skorpione

Trotz ihrer Vitalität zeigen schon junge Skorpione eine ausgeprägte Feinfühligkeit. Sie sind sehr sensibel und nehmen schon früh die atmosphärischen Störungen in ihrer Umgebung auf. Dementsprechend fallen dann ihre Fragen aus.

Ein Streit zwischen ihren Eltern bleibt kleinen Skorpionen nur selten verborgen und wird sie zu weiteren Nachforschungen anregen. Bohrende Fragen sind dann häufig die Folgen und hier gilt es seitens der Eltern, ehrliche und nachvollziehbare Antworten zu geben.

Die Vitalitätsbolzen

Kleine Skorpione müssen Sie von ganz früh an beschäftigen. Leiten Sie sie zu Aktivitäten an, die ihnen
Freude bereiten und ihr gewaltiges Energiepotenzial
in die richtigen Bahnen lenken. Sie werden sich selbst
dafür dankbar sein!

Jähzorn

Nach der Lektüre dieses Buches werden Sie sich vorstellen können, dass Skorpion-Kinder nicht gerade zu
den Sanften und Schüchternen im Tierkreis gehören.
Sie sind temperamentvoll und von überschäumen-
dem Tatendrang. Leider geht natürlich auch schon in
diesem Alter nicht alles nach ihrer vorwitzigen Nase,
was ihnen wiederum überhaupt nicht gefällt. Das Ergebnis können gewaltige Ausbrüche von kindlichem
Jähzorn sein, die ein echtes Problem darstellen werden. Hier gilt es, sehr überlegt und an das Einsichtspo-
tenzial der Kleinen appellierend vorzugehen.

Die kleinen Geheimniskrämer

Kleine Skorpione sind sehr verschlossen und tragen schon früh ihre Geheimnisse mit sich herum. Um sie nicht in eine Isolation oder Abkapselung versinken zu lassen, wäre regelmäßige Ansprache und Aufmunterung sehr hilfreich, damit die Kleinen lernen, über ihre sehr ausgeprägte Gefühlswelt zu sprechen. Dies wäre schon in sehr frühen Jahren äußerst wichtig, denn in dieser Phase lernt ein Skorpion noch leichter.

Die Fragensteller

Kleine Kinder stellen viele Fragen. Dies ist keine neue Einsicht und auch nicht von astrologischer Bedeutung. Besonders ist dagegen die Erkenntnis der Astrologie, dass kleine Skorpione ihre Fragen außerordentlich gut durchdenken und dann auch mit großer Eindringlichkeit stellen. Hinzu kommt, dass Skorpion-Kinder sich nicht mit oberflächlichen Antworten zufriedengeben.

Sie werden frühzeitig beginnen müssen, Ihrem kleinen Skorpion sinnvolle Antworten zu geben, die seine Fragen beantworten und gleichzeitig aufdecken können. Denn der kleine Skorpion will wissen: warum, wieso und weshalb.

Sympathie und Antipathie

Skorpion-Kinder zeigen schon früh ausgeprägte Vorlieben und Abneigungen, wobei sich diese auf Menschen genauso erstrecken wie auf Gegenstände, Farben oder Speisen.

So können sie vielleicht Tante Elsa einfach nicht leiden und machen dann auch keinen Hehl daraus, zumal es vielleicht gute Gründe dafür gibt, welche die Erwachsenen nur nicht auszusprechen wagen.

Und wenn ein T-Shirt rot ist und nicht schwarz, dann tragen sie es nicht; denn die schwarze Farbe lieben Skorpione über alles.

Die Sturheit

Kleine Skorpione setzen ihren Eltern eine Sturheit entgegen, die es ihnen manches Mal nicht leichtmacht, mit Freundlichkeit oder Liebe zu reagieren. Sie zeigen schon früh ihre Persönlichkeitsstruktur und sind wenig zu erziehen.

Die eigenen Erfahrungen sind wichtig

Ihre Sturheit und Zielstrebigkeit lässt Skorpion-Kinder die Dinge resolut anpacken und zielstrebig verfolgen. Davon lassen sie sich auch selten abbringen. Kleine Skorpione müssen frühzeitig ihre eigenen Erfahrungen machen. Daraus lernen sie viel, vor allem aus ihren Misserfolgen, und können so weit besser ihr Wesen und ihre Grenzen bestimmen als durch alles wohlmeinende Bemühen ihrer Eltern und Erzieher.

Die Kompromisslosen

Skorpion-Kinder sind nicht zu Kompromissen bereit, sondern stehen schon früh zu ihren Wünschen und Zielen. Selten lassen sie sich zu Aktivitäten überreden, nach denen ihnen eigentlich nicht gerade der Sinn steht. Entweder haben sie dazu Lust oder nicht.

Ab ins Wasser

Kleine Skorpione sollten schon früh ihr Element, das Wasser, beherrschen lernen. Hier können sie sich ungehindert austoben und ihre überschüssige Energie loswerden. Zusätzlich wird der intensive Kontakt mit dem Wasser sie innerlich harmonisieren.

Die Vorsichtigen

Skorpione sind von Kindheit an misstrauisch; das gehört zu ihrer Natur. Sie verfügen über einen feinen Sinn für Menschen und Gefahren. Es besteht bei ihnen weniger die Gefahr als bei anderen Kindern, von Fremden angesprochen zu werden. Es kann sogar vorkommen, dass sie warnend auf ihre Spielkameraden einwirken. Trotzdem darf man als Eltern natürlich nicht blind auf die Unterscheidungskraft von Skorpion-Kindern vertrauen!

Ein bisschen gruseln darf es schon

Die ganz sanften und lieben Gute-Nacht-Geschichten sind nicht unbedingt das Richtige für kleine Skorpione. Sie lieben Grimms Märchen und gruseln sich gerne bei Kinderkrimis. Es dürfen also ruhig ein paar kleine Monster durch das Kinderzimmer schleichen.

Der schwierige Übergang zum Kindergarten

Der Kindergarten stellt für kleine Skorpione eine Hürde dar, die erst einmal überwunden werden muss. Es wäre für sie sicherlich förderlich, in den ersten Wochen ihr Lieblingsspielzeug mitzunehmen; denn sie benötigen viel Zeit, um sich an die neue Situation zu gewöhnen und sie richtig einschätzen zu lernen.

Besser wird es für Ihren kleinen Skorpion sein, wenn er schon einige Kinder aus seiner Kindergartengruppe vorher gekannt hat; denn dann wird er sich von Anfang an heimischer fühlen.

Die Schulzeit

Aufregende neue Welt

Skorpion-Kinder können es natürlich kaum erwarten, in die Schule zu kommen. Zwar fürchten sie sich insgeheim ein wenig vor der neuen Situation und stellen entsprechend viele aufklärende Fragen über das Wesen der Schule, aber sie sind immer etwas reifer als Gleichaltrige oder fühlen sich zumindest so. Mit dem Eintritt in die Schule fängt für den Skorpion das „Erwachsenwerden" an.

Wissbegier

Schon junge Skorpione sind sehr wissbegierig und neugierig; denn Wissen beinhaltet für sie immer schon einen Machtaspekt, selbst wenn sie noch relativ klein sind. Mehr zu wissen als andere, gibt ihnen einen Vorsprung, den sie genießen werden.

Ehrgeiz

Skorpione sind von früh an ehrgeizig und können sich bis zum Zusammenbruch auf eine Prüfung vorbereiten. Dann wiederum können sie aber auch überaus faul sein und sehen die Notwendigkeit für Hausaufgaben partout nicht ein.

Da Skorpione aber immer ihren Erfolg berechnen werden, ist die Gefahr im Schulbereich bei ihnen etwas geringer als bei anderen Kindern.

Der kleine Skorpion und seine Lehrer

Natürlich wird der junge Skorpion klare Vorlieben und Abneigungen für und gegen seine Lehrer und Lehrerinnen zeigen. Für die einen tut er alles, während es sich für die anderen einfach nicht lohnt. Denen gegenüber kann er so stur reagieren, dass sie verzweifeln könnten. Auch die wohlmeinenden Hinweise von „Lernen fürs Leben" fruchten da wenig.

So haben es die abgelehnten Lehrer ausgesprochen schwer, denn der Skorpion wird sich mit ihnen wahre geistige Ringkämpfe liefern und dabei schon früh den einen oder anderen Sieg nach Hause tragen. Er besitzt von klein an die Fähigkeit, die Schwachstellen eines Lehrers oder einer Lehrerin zu erkennen und für sich auszunutzen.

 Die kleinen Wesen können dabei skrupellos vorgehen!

Skorpion-Kinder und ihre Spielgefährten

Gleich starke Partner gesucht!

Skorpion-Kinder benötigen dringend Spielkameraden, die ihnen gleichgestellt sind hinsichtlich ihrer Energie und ihres Tatendranges. Schon die kleinen Skorpione sind wahre Kämpfer und messen sich gerne an ihren Freunden. Durch diese Vergleiche finden sie einen realistischen Standpunkt, um sich selbst einschätzen zu lernen.

Monopoly

Monopoly sowie andere Strategiespiele werden zu ihren absoluten Favoriten zählen. Diese Art von Spielen werden sie allen anderen vorziehen, und mit ihnen werden sie wirklich Spaß haben.

Klein und schon nachtragend

Skorpione sind sehr nachtragend – und sie fangen schon sehr früh damit an! Ein Erlebnis mit einem Freund oder einer Freundin, bei dem der kleine Skorpion in seiner Erwartung enttäuscht wurde, wird ihn tief misstrauisch machen. Der ehemalige Spielkamerad oder die Spielkameradin fallen von heute auf morgen in Ungnade und daran wird sich dann so schnell auch nichts mehr ändern.

Wenn man einen Skorpion schon früh die Kunst des Verzeihens lehrt, wenn er noch relativ formbar ist, gibt man ihm eine Hilfe an die Hand, die für sein ganzes späteres Leben von großer Bedeutung sein wird!

Hilfsbereitschaft fördern

Kleine Skorpione sollte man schon früh darauf hinweisen, dass es bedürftige Menschen gibt und auch die Tiere in die Obhut und Fürsorge des Menschen gegeben sind.

Zudem sollte man früh an ihren Sinn für Gerechtigkeit und soziales Engagement appellieren. Dies wird ihnen helfen, ihre eigenen dunklen Seiten zu hinterfragen und eigene Schwächen nicht zu verdrängen.

Freizeit

KAPITEL 7

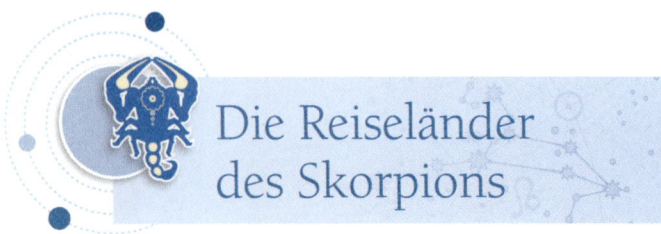

Der ferne Osten

Skorpione lieben farbenfrohe, exotische Länder, die anders sind als die Welt, in der sie leben und aufgewachsen sind. Daher wird sie die fernöstliche Welt immer wieder anziehen. Die geheimnisvollen Gerüche, die magischen Traditionen, die fremdartigen Menschen – alles dies fasziniert Skorpione.

Da der Skorpion über eine gewaltige Vitalität verfügt, kann er auch die klimatischen Belastungen oder das ungewöhnliche Essen ohne die geringsten Schwierigkeiten verkraften und sich unbeschwert an der Exotik seiner Umwelt erfreuen.

Australien

Australien stellt in mancher Hinsicht immer noch ein Abenteuerland dar; und eine Portion Abenteuer darf im Urlaub des Skorpions durchaus dabei sein. Große Temperaturschwankungen machen dem Skorpion nichts aus und so könnte er durchaus einen Wüstenmarsch mit den australischen Aborigines durchstehen. Ihre geheimnisvolle, magische Welt zieht ihn unwiderstehlich an.

In dieser ungewöhnlichen Stammesgesellschaft, die ihre eigenen Riten und Initiationszeremonien seit endlosen Zeiten bewahrt hat, begegnet ihm sein altes Thema – das Sterben und Werden.

Australien ist eine Welt in der Verwandlung, eine Welt der Extreme. Vom Glanz des Theaters in Sidney führt der Weg in den australischen Busch, und der Skorpion fühlt sich in beiden Welten wie zu Hause. Was mehr kann es für ihn geben!?

Italien

Jene Skorpione, die es nicht ganz so exotisch mögen, und denen Java und China, Thailand und Kambodscha doch ein wenig zu weit entfernt sind, wird es nach Italien ziehen. Allerdings nicht an die Strände von Adria und Riviera, wo die Massen sich drängeln, sondern in das alte Italien der Antike und der Renaissance.

Skorpione lieben es, alte Kastelle und Burgen zu besichtigen, sachkundig den Blick über jahrhundertealte Waffensammlungen und Rüstungen gleiten zu lassen und die Folterkammern der Inquisition zu besuchen. Die römische „Engelsburg" wäre so eines der Bauwerke, das der Skorpion ausgiebig erkunden würde. Seine lebhafte Fantasie kann sich geradezu vorstellen, wie Giordano Bruno von den Häschern der Inquisition durch die alten Gänge geschleppt wird; und dabei überfällt ihn ein wohliges Grausen.

Norwegen

Neben Island ist Norwegen vielleicht das Land mit den ausgeprägtesten mystischen Traditionen. Kaum ein Landstrich, in dem es nicht eine Troll- oder Feen-Legende gibt, wo die „kleinen Menschen" aus den Bergen kamen und die Zwerge und Nebelgeister

irgendein Unheil angerichtet haben. In Norwegen kann der Skorpion in die Fülle geheimnisvoller Begebenheiten und Erzählungen eintauchen, und wenn es abends am Lagerfeuer, vielleicht bei den Samen im Norden, zu den alten Geschichten kommt, wird er mit höchster Anspannung lauschen und sich total in **seiner** Welt fühlen.

Vielleicht ergibt sich dann noch die Gelegenheit, eine alte Tropfsteinhöhle zu erforschen, die in Urzeiten von einem Riesen in den Fels gehauen wurde. Das Einzige, was der Skorpion möglicherweise in Norwegen bedauern wird, ist, den Riesen und Trollen nicht wirklich leibhaftig begegnet zu sein. Aber vielleicht gelingt ihm ja auch das noch!

Der Skorpion und seine Hobbys

Schwimmen

Der Skorpion wird normalerweise schon früh der Faszination seines Elementes erliegen und sich bereits als Kind in die Fluten stürzen.

Wasser wirkt ausgleichend und harmonisierend auf den Skorpion. Zudem entspannt es seine Muskulatur und fördert seine Gesundheit auf allen Ebenen.

Bergsteigen

Da Skorpione mit extremen Temperaturschwankungen keine Probleme haben, werden sie auch an der Kletterei im Hochgebirge ihre Freude haben. Je extremer es dabei wird, desto mehr Freude empfinden sie. Ohne Sauerstoff im Himalaya herumzuklettern, könnte für einen Skorpion ein richtiger „Kick" sein!

Skat und Doppelkopf

Werden die kleinen Skorpione zu Monopoly oder anderen Strategiespielen neigen, so wird der erwachsene Skorpion seine Freude am Kartenspiel finden. Dabei wird er jene Spiele bevorzugen, bei denen es auf spieltaktisches Geschick und nicht so sehr auf das günstige Blatt ankommt. Er wird daher lieber Skat oder Doppelkopf statt Rommé spielen.

Der Hobby-Zauberer

David Copperfield oder andere seiner Zunft werden den Skorpion immer faszinieren. Auch wenn es nicht die echte Magie ist, so stellt ihr magisches Universum doch eine Art künstlerische Vorform dar, und diese wird den Skorpion begeistern. Er wird versuchen, seinen großen Vorbildern wenigstens ein bisschen nachzueifern.

Die Grenzwissenschaften

Die Skorpione sind die geborenen Okkultisten des Tierkreises. Alle parapsychologischen oder okkulten Phänomene interessieren sie. Von der Graphologie über die Astrologie und vom Spiritismus über das Geistheilen erstreckt sich dabei die Palette. Allerdings werden sie zu den ganz besonders kritischen Beobachtern gehören und sich nicht so leicht ein X für ein U vormachen lassen.

Skorpione wären eigentlich die ideale Besetzung für grenzwissenschaftliches Forschen. Sie sind aufgeschlossen, aber mit einem wachen und kritischen Verstand ausgestattet. Zudem verfügen sie über eine brillante Beobachtungsgabe.

Kampfsportarten

Obwohl es ihrer Konstitution und ihrer Gesundheit wahrlich nicht immer zuträglich ist, erliegen ganze Scharen von Skorpionen der Faszination fernöstlicher Kampfsportarten. Vielleicht bringen sie Begeisterung dafür von einer ihrer vielen Reisen in den fernen Osten mit. Vor allem mit fortgeschrittenem Alter wäre es jedoch ratsam, von Karate oder Kick-Boxen zum Tennis oder Golf zu wechseln!

Freeclimbing

Zum Extremismus neigend, wird Skorpione natürlich auch die extremste Kletterart im Bergsteigen
faszinieren – das Freeclimbing. Mit einer Hand an
einem Überhang des höchsten Schwierigkeitsgrades
zu hängen, verschafft dem wilden Skorpion genau den
Adrenalin-Schub, den er sich immer gewünscht hat.

Bleibt nur zu hoffen, dass er seine Kräfte richtig
eingeschätzt hat. Glücklicherweise sind die Skorpione
auch in dieser Hinsicht ausgesprochen selbstkritisch.
Bei ihren Hobbys kann das lebensrettend sein!

Schnelle Autos

Wenn es nicht die überhängenden Bergketten oder
die Flöße beim „River-Rafting" sind, die den Kitzel
bescheren, wird der Skorpion mit Leidenschaft in einen schnellen Renner steigen. Dabei macht es keinen
Unterschied, um welches Geschlecht es sich handelt.
Auch weibliche Skorpione können die 380-PS-Boliden
mit sicherer Hand in der Steilkurve halten. Meistens
treibt nur die finanzielle Notwendigkeit den Skorpion
dazu, ein normales Auto der Mittelklasse zu fahren.
Aber der Traum vom roten Ferrari oder gelben Lam-
borghini bleibt ihnen bis ins hohe Alter erhalten.

Der Mond und die Tierkreis- zeichen

Allgemeines über den Mond

Der Mond benötigt knapp achtundzwanzig Tage (genau 27,32), um einmal um die Erde zu ziehen. Die gleiche Zeit braucht er, um sich einmal um die eigene Achse zu drehen.

Da der Mond selbst kein Licht abstrahlt, reflektiert er lediglich das Licht der Sonne. So hängen die sogenannten „Mondphasen" (Neumond, abnehmender Mond, Vollmond und zunehmender Mond) von seiner Position zu Erde und Sonne ab.

Wenn man davon spricht, dass z. B. der Mond eines Menschen im Widder steht, so ist damit der Stand des Mondes im Augenblick der Geburt dieses Menschen gemeint. Sie können diese Information Ihrem persönlichen Horoskop entnehmen, das Sie sich von einem Astrologen oder online erstellen lassen, oder aus den gängigen Mond-Tabellen Ihres Geburtsjahres.

Neben dem Mond im persönlichen Horoskop gibt es natürlich noch die Mondphasen des täglichen Erdenlebens. Sie können also den Mond in Ihrem Horoskop im Schützen stehen haben, der heutige Tag dagegen zeigt den Mond in der Jungfrau. Sie können den täglichen Stand des Mondes leicht anhand der vielen Mond-Tabellen für das laufende Jahr ablesen.

Wer hat nicht schon einmal eine schlaflose Vollmondnacht verbracht oder anderweitig den Einfluss des Mondes gespürt? Wenn man etwa Kartoffeln an Tagen erntet, an denen der Mond im Stier steht, wird man feststellen, dass diese länger als im Vorjahr eine glatte Haut bewahren. Es empfiehlt sich zudem in Gesundheitsfragen, etwa bei anstehenden Operationen, den Stand des Mondes zu beachten. Es wäre durchaus ratsam, einen anstehenden Zahnarzttermin um ein paar Tage zu verschieben!

Im nachfolgenden Text wird zuerst der Mond im Horoskop behandelt, danach der Einfluss des Mondes im täglichen Leben. Beides ist so leicht zu unterscheiden.

 Der Mond im Widder

Unter dieser Konstellation finden wir Menschen, die mit ihrer ehrlichen Meinung nicht „hinter dem Mond" halten. Es sind die entschlossenen, mutigen Menschen, die ihre Unabhängigkeit sehr schätzen.

Allerdings kann es ein Problem mit ihrer Gereiztheit geben. Sie reagieren auf ein unglücklich gewähltes Wort schon einmal mit einem spontanen Wutausbruch.

Menschen mit einem Mond im Widder können, wenn sie unglücklich sind, eine unangenehme sarkastische Neigung entwickeln.

Frauen, die einen Mond im Widder haben, können starke männliche Anteile aufweisen, auch wenn es sich nicht gleich um militante Blaustrümpfe handeln muss!

Im täglichen Leben

♏ Wenn der Mond im Widder steht, sind die Menschen häufig gereizter als normalerweise. Auch im Straßenverkehr tippt der Finger öfter an die Stirn als an anderen Tagen. Zudem ist vorsicht an Kreuzungen angesagt!

♏ Obwohl in der Regel an solchen Tagen die Dinge leichter von der Hand gehen, sollten Sie sich vor Stress hüten. In diesem Fall wären Kopfschmerzen vorprogrammiert.

♏ Mit dem Mond im Widder haben Sie die Chance schlechthin, bei Ihrem Chef wegen einer Gehaltserhöhung vorstellig zu werden. Vorwärts – dem Mutigen gehört die Welt!

♏ Hegen Sie einen Kinderwunsch? Die Wahrscheinlichkeit, dass ein heute gezeugtes Kind ein Junge wird, ist sehr groß!

♏ Wenn Sie gerne im Garten arbeiten, sollten Sie jetzt die Bäume beschneiden; auch das Düngen von Gemüse kann auf keinen besseren Zeitpunkt fallen. Gemüse, das schnell geerntet werden soll, stecken Sie am besten heute in die Erde. Vor allem die Tomaten sollten Sie unbedingt dann setzen, wenn der Mond im Widder steht.

Der Mond im Stier

Die treuesten Seelen haben ihren Mond im Stier. Diese Menschen lieben die Behaglichkeit und Ruhe, denn sie sind unbedingt wichtig für ihren Seelenfrieden. Es sind sinnliche Ästheten, die allerdings ihre gewohnten Lebensrhythmen benötigen. Sie werden gerne verwöhnt, aber sie verwöhnen auch gerne andere. Sie haben eine feine Nase und die guten Düfte regen den Appetit an. Daher sind Menschen mit dem Mond im Stier nicht selten übergewichtig.

Der Stier ist ein Gewohnheitstier und Menschen mit dem Mond im Stier neigen zu ausgeprägten

Gewohnheiten, die manchmal in einer ermüdenden Monotonie und Langeweile enden können. Dann werden sie richtig schwerfällig.

Im täglichen Leben

♏ Wenn der Mond im Stier steht, beherrschen die langsamen Tätigkeiten den Tagesablauf. Es wird um Dinge gehen, die eine lange Ausdauer erfordern. Dafür werden Sie sich harmonisch und ausgeglichen fühlen, was die Arbeit erleichtert.

♏ Steht der Mond im Stier, sollten Sie keine Mandel- oder Halsoperationen vornehmen lassen. Es würde Ihnen nicht gut bekommen!

♏ Wollen Sie ein neues Haus kaufen oder einen Mietvertrag unterschreiben, dann warten Sie besser, bis der Mond den Stier wieder verlassen hat. Sie könnten sich viel Ärger ersparen!

♏ Hegen Sie einen Kinderwunsch? Ein heute gezeugtes Kind wird wahrscheinlich ein Mädchen.

♏ Ruft Sie der Garten, sollten Sie jetzt dem Ungeziefer im Erdreich auf die Pelle rücken. Heute könnten Sie den Biestern richtig zusetzen!

👫 Der Mond in den Zwillingen

Kennen Sie nicht auch jemanden in Ihrem Freundeskreis, dessen Redefluss kaum zu stoppen ist? Die Chancen stehen gut, dass er seinen Mond in den Zwillingen hat. Solche Menschen benötigen einen regen Gedanken- und Gefühlsaustausch und geraten immer wieder in Situationen, die sie äußerst anregend finden.

Mit dem Mond in den Zwillingen haben wir einen vielseitigen, spritzigen und unternehmungslustigen Menschen vor uns, der immer wieder auch Schwung ins Leben anderer Menschen bringen kann. Gelegentlich wird Menschen mit dieser Konstellation unterstellt, sie seien oberflächlich; aber Sie werden kaum einen interessanteren Gesprächspartner finden.

Wenn Sie dringend eine Nachricht übermitteln müssen, das Telefon aber dauernd besetzt ist, dann quasselt am anderen Ende der Leitung ein Zwillings-Mond. Fassen Sie sich in Geduld, es kann lange dauern!

Im täglichen Leben

♍ Es ist die richtige Zeit, um neue Kontakte zu knüpfen. Wollten Sie nicht schon immer die netten neuen Nachbarn zum Essen einladen? Vielleicht sollten Sie auch etwas Lustiges, Ungewöhnliches für den Abend planen. Wie wäre es mit einem aufregenden Blind-Date?

♍ Sie können mit dem Mond in den Zwillingen aber auch zu Hause Ihren Studien nachgehen. Die Zeit dafür ist günstig.

♍ Auch Briefe, die schon lange auf eine Antwort warten, könnten jetzt in Angriff genommen werden.

♍ Hegen Sie einen Kinderwunsch? Ein heute gezeugtes Kind wird vermutlich ein Junge!

♍ Ist Hausputz angesagt, werden die Fenster heute mehr glänzen als sonst, obwohl die ganze Sache scheinbar mühelos abläuft. Lassen Sie sich jetzt nicht stoppen; es ist die richtige Zeit, um wieder einmal die ganze Wohnung kräftig durchzulüften.

♍ Im Garten sollten Sie jetzt rankende Pflanzen säen.

 Der Mond im Krebs

Die Krebs-Monde kennzeichnen die ganz zart besaiteten Wesen des Tierkreises. Sie nehmen alle Einflüsse auf wie ein feuchtes Tuch. Es sind Menschen mit einer ausgeprägten Feinfühligkeit, die aber gepaart ist mit außerordentlicher Launenhaftigkeit.

Mit dem Mond im Krebs braucht es enorm viel Geborgenheit, sonst gibt es Probleme. Bei dieser Konstellation kann es auch eine starke Furcht vor dem Unbekannten geben, und daraus entstehend eine gewisse Unbeweglichkeit.

Menschen mit dem Mond im Krebs sind ausgesprochen liebevoll und lesen ihren Mitmenschen alle Wünsche von den Lippen ab. Allerdings können sie sich auch stark anklammern und festhalten.

Im täglichen Leben

♏ Heute sollten Sie Besuch einladen und ihn verwöhnen, er wird es Ihnen danken. Servieren Sie aber kein schweres Essen, denn an diesen Tagen ist der Magen sehr empfindlich!

♏ Lassen Sie die Seele baumeln, denn es ist nicht unbedingt die Zeit, um Bäume auszureißen und Berge zu versetzen. Es ist besser, Sie widmen sich Ihrer Familie.

♏ Sollten Sie sich jetzt einsam fühlen, nehmen Sie sich selbst nicht zu ernst, in wenigen Tagen oder Stunden schaut die Welt schon wieder ganz anders aus; denn es ist keine schlechte Zeit für den Beginn einer neuen romantischen Liebe. Allerdings sollten

Sie sich vor zu großer Empfindlichkeit hüten. Dafür ist später auch noch Zeit!

♏ Hegen Sie einen Kinderwunsch? Es wird ein Mädchen.

♏ Sollten Sie nicht gerade dem Hausputz frönen, packen Sie Ihre Sachen, gehen schwimmen und anschließend in die Sauna, es ist genau der richtige Zeitpunkt für solche Aktivitäten.

♏ Und weil wir schon bei den feuchten Aktivitäten sind: Heute ist ein guter Waschtag. Die hartnäckigen Flecken können Sie heute endlich entfernen!

 Der Mond im Löwen

Die Löwe-Monde sind die Menschen mit dem sonnigen Gemüt. Sie können jugendlich verspielt sein; und sie sind großzügig in allen Lebensbereichen. Sie sollten aber beachten, dass diese Menschen im Mittelpunkt stehen wollen, das ist für sie sehr wichtig!

Sie strahlen viel Herzenswärme aus und verfügen über einen angeborenen Beschützerinstinkt. Sie werden auch feststellen, dass die Löwe-Monde ganz automatisch eine Führungsrolle einnehmen und sich damit ganz prächtig fühlen. So wollen sie es haben! Für ihre Mitmenschen allerdings ist dieses „Ich-bin-so-toll"-Gefühl und die Arroganz der Löwe-Monde nicht immer leicht zu ertragen.

Im täglichen Leben

♏ Munter hinein ins Vergnügen! Feste, Partys und sportliche Aktivitäten werden unter dieser Konstellation großgeschrieben. Sie sollten allerdings darauf achten, es nicht zu übertreiben. Es gibt

Seitensprünge, die einem später Kopfschmerzen bereiten!

♏ Wenn Sie unter das Messer müssen, dann heute besser keine Herzoperationen. Überhaupt sollten Sie bei dieser Mond-Konstellation auf Herz und Kreislauf achten!

♏ In Ihrem Umfeld können Sie heute Ihre Kompetenz beweisen. Stellen Sie also gerade heute Ihr Licht nicht unter den Scheffel!

♏ Wenn Sie ausgehen wollen, wären Oper oder Theater die erste Wahl.

♏ Hegen Sie einen Kinderwunsch? Es wird ein Junge.

♏ Und nicht vergessen: heute Körperpflege betreiben und vor allem Haare schneiden. Vom Ergebnis werden Sie überwältigt sein!

Der Mond in der Jungfrau

Die Ordnung hält Einzug. Es findet sich Systematik und sorgfältige Planung in allen Lebensbereichen.

Menschen mit dem Mond in der Jungfrau zählen zu den „Dienern des Lebens". Sie betrachten andere und stellen fest, dass sie selbst nur an zweiter Stelle stehen. Manchmal kommt dann Neid auf, aber letztlich siegt die Vernunft.

Unter dieser Konstellation kann es zu einer gewissen Kritiksucht kommen, die äußerst unangenehm auf die Mitmenschen wirkt. Zudem kommen die Jungfrau-Monde mit einer gewissen distanzierten Kühle daher, was sie etwas unnahbar wirken lässt. Oft findet sich dahinter aber eine große Tiefe und Gefühlsintensität.

Wenn sie sich öffnen könnten und spontaner wären, würde sich das Leben von einer leichteren Seite zeigen.

Im Körper können sich die Eingeweide und die Nerven melden – es ist dann Zeit zum Entrümpeln der Psyche. Frisch und mutig an die Arbeit!

Im täglichen Leben

♏ Es ist wahrlich nicht der Tag für die romantischen Treffen bei Kerzenschein. Der Besuch bei der alten Tante im Altersheim ist angesagt – sie wird es Ihnen danken.

♏ Besser, Sie schaffen heute Ordnung oder belegen einen Kochkurs, denn es ist nicht die Zeit für spontane Einfälle! Wartet nicht schon lange Ihre Steuererklärung auf Sie?

♏ Hegen Sie einen Kinderwunsch? Es wird ein Mädchen.

♏ Der Tag eignet sich drinnen zum Haareschneiden und draußen zum Balkonpflanzensetzen. So ist die Zeit gut genutzt!

Der Mond in der Waage

Die Zeit der Aussöhner und Schlichter ist gekommen! Die Waage-Monde sind geradezu süchtig nach Harmonie. Bei Streiks sollten grundsätzlich nur Schlichter mit einem Waage-Mond zugelassen werden!

Im Körper kann es bei dieser Mond-Stellung zu starken Hautreaktionen kommen, auch die Nieren sollten im Auge behalten werden.

Es sind Menschen, die der Schönheit sehr zugeneigt sind. Häufig finden wir hier auch äußerst begabte

Künstler, die allerdings Schwierigkeiten haben, sich genau festzulegen. Die Waage pendelt immer hin und her. Waage-Monde müssen lernen, sich zu entscheiden und Abhängigkeiten zu vermeiden.

Im täglichen Leben

♏ Gehen Sie Ihren gesellschaftlichen Interessen nach und genießen Sie das Leben. Es ist die richtige Zeit für einen Stadtbummel.

♏ Heute ist das Selbstbewusstsein etwas schwach ausgeprägt und Entscheidungen fallen Ihnen schwerer als sonst. Warten Sie einfach, bis der Mond in den Skorpion wechselt. So lange dauert das ja nicht!

♏ Verschönern Sie inzwischen Ihre Wohnung. Sie werden sie selbst nicht wiedererkennen.

♏ Wenn Sie nach draußen gehen oder im Haus herumrennen, vergessen Sie die warmen Socken nicht, Ihre Blase wird es Ihnen danken!

♏ Hegen Sie einen Kinderwunsch? Es wird ein Junge.

Der Mond im Skorpion

Die Skorpion-Monde haben ein ausgeprägtes Durchsetzungsvermögen, das bis zur Rücksichtslosigkeit gehen kann. Sie sind entschlossen und bevorzugen große Unabhängigkeit in ihrem Gefühlsleben. Es sind oft sehr verschlossene Menschen, die aber durch ihr Wesen die Belastbarkeit und Gefühlswelt ihrer Mitmenschen prüfen. Sie können gar nicht anders; und sie kennen dabei keine Grenzen.

Mit dem Mond im Skorpion haben Sie die Gabe, unbewusst die Fehler Ihrer Mitmenschen zu erfühlen und direkt zur Sprache zu bringen. Das macht Sie nicht unbedingt zu jedermanns Liebling!

Die Skorpion-Monde sind faszinierende, geheimnisvolle Menschen, die man nie ganz versteht. Daher kommt der Ausdruck vom Skorpion-Blick, der tief in die Seele zu schauen scheint. Aber man kann nicht in die gleiche Tiefe zurückschauen!

Im täglichen Leben

♏ Haben Sie bestimmte Gefühle lange verdrängt, so kommen diese an Skorpion-Tagen an die Oberfläche und machen Ihnen und anderen zu schaffen. Trotzdem können Sie heute alle anstrengenden Arbeiten gut erledigen.

♏ Achtung: Heute ist alles explosiver als sonst – auch im Bett!

♏ Skorpion-Tage sind gut für Füllungen beim Zahnarzt, wobei es möglichst zunehmender Mond sein sollte! Auch die Dauerwelle hält heute einfach länger und strapaziert die Haare weniger. Es sollte sich ebenfalls möglichst zunehmender Mond am Himmel zeigen.

♏ Hegen Sie einen Kinderwunsch? Es wird ein Mädchen.

♏ Im Garten reagieren die Pflanzen an diesen Skorpion-Tagen besonders gut auf den Dünger; allerdings sollte dabei abnehmender Mond sein.

♐ Der Mond im Schützen

Menschen mit dieser Mondstellung suchen nach dem Sinn des Lebens. Sie sind erfüllt von einem ausgeprägten Idealismus und für die „wahre" Sache setzen sie sich mit allen Kräften ein. Sie fühlen sich in der Welt der Philosophie zu Hause.

Darüber hinaus verfügen sie über die Fähigkeit, andere durch ihren Idealismus mitzureißen, ohne dabei auf ihre Überredungskünste zurückgreifen zu müssen. Sie überzeugen einfach durch ihr Dasein!

Es sind freie Seelen, denn die Freiheitsidee ist ihnen schon in die Wiege gelegt worden! Manchmal sind ihre Höhenflüge allerdings unrealistisch; doch ohne sie könnten die Schützen-Monde einfach nicht leben.

Im täglichen Leben

♏ Wenn Sie eine interessante Kurzreise planen – jetzt ist der richtige Zeitpunkt. Auch für schwierige Gespräche ist jetzt ein guter Zeitpunkt, denn Toleranz ist angesagt. Wollten Sie nicht schon lange Ihre „geliebte" Schwiegermutter anrufen?

♏ Hüten Sie sich vor zu großen Versprechungen; denn wenn der Mond in den Steinbock wandert, schaut die Welt schon wieder ganz anders aus!

♏ Es ist ein Tag, um nach innen zu gehen und über die großen Lebensfragen zu meditieren. Heben Sie aber bitte nicht ab!

♏ Vielleicht wollen Sie sich auch um einen neuen Job bemühen oder nur eine Gehaltserhöhung fordern – heute ist Ihr Tag!

m Wenn Ihnen nichts anderes einfällt, dann gehen Sie einfach wieder einmal ins Museum oder rufen einen vernachlässigten Freund an. Dann ist die Zeit genutzt.

m Hegen Sie einen Kinderwunsch? Es wird ein Junge.

m Im Garten sollten Sie, bei abnehmendem Mond, den Rasen mähen oder das Gemüse düngen.

Der Mond im Steinbock

Menschen mit dieser Mondstellung unterliegen einem inneren Ehrgeiz, der sie einem starken Druck aussetzt. Sie legen an sich selbst enorm strenge Maßstäbe an, denen sie dann manchmal selbst nicht gewachsen sind. Sie wirken unnahbar, da sie ihr Gefühlsleben sehr stark kontrollieren. Es handelt sich bei dieser Konstellation um Einzelkämpfer, die allein sich selbst Vertrauen schenken. Ihre Gefühlswelt scheint gar nicht zu existieren, daher wirken sie auf andere kalt und fast wie erstarrt.

Für Steinbock-Monde wäre es lebenswichtig, aus einer selbst angelegten Zwangsjacke auszubrechen und sich zu befreien!

Im täglichen Leben

m Wollen Sie eine Lebensversicherung abschließen, so ist diese Mondstellung eine hervorragende Ausgangslage.

m Es ist nicht gerade eine Zeit für ausgelassene Feste, Pflichten sind eher angesagt. Da aber gegenwärtig die persönlichen Wünsche und Sehnsüchte ohnehin nicht im Vordergrund stehen, lässt sich alles bewältigen. Zudem wird man an diesen Steinbock-Mondtagen ohnehin nicht leicht unter Ermüdung leiden.

♏ Haut und Nägel sollten bei abnehmendem Mond gepflegt werden, auch die Zahnreinigung wäre keine schlechte Geschichte. Ab zum Zahnarzt!

♏ Hegen Sie einen Kinderwunsch? Es wird ein Mädchen.

♏ Im Garten ist Unkrautjäten bei abnehmendem Mond angesagt; bei zunehmendem Mond sollte dagegen umgetopft werden!

Der Mond im Wassermann

Hier treffen wir die Weltverbesserer, denn die Menschen mit dem Mond im Wassermann sind mit einem starken Gerechtigkeitssinn ausgestattet. Freiheit ist die Grundstimmung, die ihr Leben prägt und auf der sie alle Aktivitäten aufbauen. Sie schneiden die alten Zöpfe ab und leiten Reformen ein.

Es können ruhelose Geister sein, die innerlich ständig angetrieben werden und auf der Suche nach der Wahrheit sind. Ihre rastlose Suche lässt sie aber Ideen für eine neue Zeit entwickeln. Darunter kann dann auch schon einmal eine „verrückte" Idee sein.

Mit dem Mond im Wassermann sind Sie ständig auf Achse. Langeweile und Eintönigkeit bringen Sie um! Sie brauchen das Ungewöhnliche zum Leben.

Durchblutungsstörungen und Kreislaufprobleme sollten Sie bei dieser Mond-Stellung ernst nehmen!

Im täglichen Leben

♏ Es ist die Zeit für Teamarbeit! Gemeinsame Ideen können ein fantastisches neues Projekt auf den Weg bringen.

♏ Vielleicht wollen Sie aber auch nur den Keller entrümpeln oder die Fenster putzen. Bei abnehmendem Mond wären das die richtigen Aktivitäten!

♏ Joggen oder Tanzen könnten Ihnen auch zusagen, denn die Energie stimmt!

♏ Bei zunehmendem Mond können Sie auch an die neuen Zahnfüllungen denken. Jetzt passen sie!

♏ Hegen Sie einen Kinderwunsch? Es wird ein Junge.

♏ Im Garten können Sie bei Vollmond und bei abnehmendem Mond die Blumen düngen.

Der Mond in den Fischen

Menschen mit einem Fische-Mond zeichnen sich durch eine liebevolle Aura aus, die es anderen Menschen erleichtert, ihnen Vertrauen zu schenken. Sie strahlen Freundlichkeit und Hilfsbereitschaft aus, die gerne in Anspruch genommen werden.

Es sind tiefe Seelen, deren unergründliche Seelenwelten von der Außenwelt oft nicht erkannt werden, da sie sich ganz in ihrer eigenen Welt abspielen. Der innere Ozean der Fische-Menschen!

Unter allen Mond-Typen sind sie die feinfühligsten, daher haben sie die größten Probleme mit dem Leiden anderer. Ähnlich den Krebs-Monden können sie sich nur schwer abgrenzen.

Manchmal versäumen sie vor lauter Träumerei das „richtige" Leben. Sie müssen Boden unter den Füßen fassen und ihr Selbstvertrauen verbessern.

Im täglichen Leben

♏ Das große Gefühl ist angesagt. Nehmen Sie sich ausreichend Taschentücher und schauen Sie sich im Kino die großen Liebesschnulzen an. Es ist die richtige Zeit, um sich total auszuheulen!

♏ Instinkte und Gefühle bestimmen in diesen Tagen alles Leben, und Sie werden auch spüren, wenn jemand Ihre Hilfe benötigt. Heute können Sie diese ganz mühelos verschenken.

♏ Entspannungsübungen und Massagen werden sich jetzt als besonders wirksam erweisen.

♏ Waschen und Saunabesuche sind bei abnehmendem Mond anzuraten; auch ein Zahn könnte, wenn es denn sein muss, jetzt gezogen werden.

♏ Hegen Sie einen Kinderwunsch? Es wird ein Mädchen.

Berühmte Skorpione

KAPITEL 9

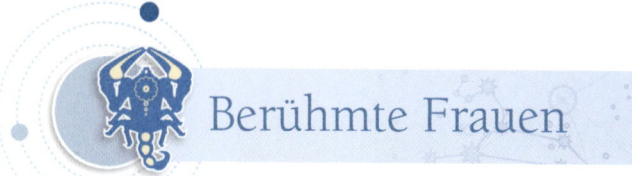

Berühmte Frauen

Jodie Foster (geb. 19.11.1962)

Eine der eigenwilligsten Schauspielerinnen Hollywoods, die stets ihren eigenen Kopf durchsetzt und häufig Hauptrolle und Regie in einer Person vereint. Und dies meistens mit großem Erfolg.

Katherine Hepburn (geb. 8.11.1909)

Einer der ersten ganz großen weiblichen Hollywoodstars. In der Kombination mit Spencer Tracy spielte sie unnachahmliche Charakterfrauen – und verkörperte dabei im Grunde sich selbst. Bezeichnenderweise (klassisch skorpionisch!) nannte sie ihre Autobiographie „My Way" (Mein Weg). Der deutsche Verlag war davon so beeindruckt, dass er den Titel auch für die deutschsprachige Ausgabe übernahm. Das ist Durchsetzungsvermögen nach Art des Skorpions!

Gracia Patricia (geb. 12.11.1929)

Als große Dame verkörperte Gracia Patricia die Vollendung der Skorpion-Frau. Wo immer sie auftrat, strahlte sie eine geheimnisvolle Sinnlichkeit aus, die trotzdem stets von Charme und großem Stil getragen war.

Indira Gandhi (geb. 14.11.1889)

Ein großer indischer Philosoph sagte über Indira Gandhi einmal: *„Die Lady reitet den Tiger!"* Treffender kann man diese bemerkenswerte Skorpion-Frau nicht beschreiben, der es gelang, ein teilweise chaotisches Land mit fester Hand zu führen. Nicht immer vermied sie dabei Fehler, aber ihre große, der indischen Mystik tief verbundene Seele nötigte Politikern in Ost und West großen Respekt ab. Die Welt trauerte, als sie von Fanatikern in ihrer eigenen Leibgarde brutal ermordet wurde.

Berühmte Männer

Prinz Charles von England
(geb. 14.11.1948)

Niemand weiß, ob er wirklich einmal König von England werden wird. Vielleicht ist der Sohn von Königin Elisabeth auch zu mystisch veranlagt für diesen Posten, obwohl er nur eine alte Tradition des Hauses Windsor fortführen würde. Prinz Charles zieht sich beispielsweise mit einem Meditationsmeister in die Kalahari-Wüste zurück, um in die Stille zu gehen. Er schreibt Einführungen zu Fachbüchern über Geistheilung und beschäftigt sich mit dem geistigen Einfluss von Architektur auf den Menschen.

Vielleicht ein bisschen zu viel Mystik für den normalen Engländer!?

Pablo Picasso (geb. 25.10.1881)

Ein künstlerisches Genie, das wie kaum ein anderer die Kunst der Moderne beeinflusste. Sein eigenwilliger Stil und seine Sicht der Welt lehrten die staunende Welt ein völlig neues Sehen und ein verändertes Wahrnehmen von Wirklichkeit.

Loriot (geb. 12.11.1923)

Seine Sketche drücken das aus, was man den „bissigen Skorpion-Humor" nennen könnte. Nur ein Skorpion schaut derart genau auf die Schwachstellen des Menschen, um sie in solch perfekter Weise karikieren zu können. Gleichgültig ob als „Ödipussy" oder als verliebter Trottel mit Spaghetti auf der Nase, immer enthüllt der Skorpion Loriot die kleinbürgerlichen Schwächen, die ihm im Grunde seiner skorpionischen Seele zutiefst verhasst sind.

Martin Luther (geb. 10.11.1483)

Wollte man in der abendländischen Geschichte einen klassischen Skorpion-Satz formulieren, so müsste man Luthers berühmten Ausspruch *„Hier stehe ich, ich kann nicht anders!"* nennen. Nur ein Charakter, der so von Eigensinn, Überzeugungskraft und Willensstärke beherrscht war wie der Skorpion Luther, konnte die innere Reife und den titanischen Mut aufbringen, in jener historischen Stunde für seine Wahrheit einzustehen.

Persönliche Notizen

Die Autoren

Petra Michel (Sternzeichen: Krebs, Aszendent: Löwe, Mond: Skorpion). Physikstudium, danach führende Stellung in der deutschen Industrie. Langjähriges Astrologiestudium, unter anderem bei Huber und Claude Weiss. Heute Leiterin eines Verlages in den USA.

Annette Wagner (Sternzeichen: Krebs, Aszendent: Schütze, Mond: Zwillinge). Eurythmiestudium, danach Tätigkeit in der Wirtschaft. Langjähriges Astrologiestudium. Seit vielen Jahren Prokuristin in der Verlagsindustrie.

Dr. Peter Michel (Sternzeichen: Krebs, Aszendent: Löwe, Mond: Schütze). Studium der Philosophie, Theologie und Religionswissenschaft, danach Gründung des Aquamarin Verlages. Autor zahlreicher Sachbücher zu den Themen Mystik und Esoterik.

© 2011 Kristall s.r.o.

Genehmigte Lizenzausgabe
tosa GmbH
Industriestraße 19
64407 Fränkisch-Crumbach 2020
www.tosa-verlag.de

Layout, Satz und Umschlaggestaltung:
designcat GmbH

ISBN 978-3-86313-117-3

Bildnachweis
Shutterstock: ARCHITECTEUR 20, 21, 28, 33, 37, 42, 47, 50, 53, 60, 66, 71, 76, 87, 89, 94, 95, 97, 99, 106, 108, 110, 113, 115, 118, 124, 126, 130, 132, 138, 156, 157/MaraQu Cover/marrishuanna Cover, 4, 6, 8, 10, 12, 14, 16, 19,–22, 24, 26, 28, 28, 30, 32–34, 36–38, 41, 42, 44, 46–48, 50, 52–54, 56, 59, 60, 62, 64, 66, 68, 70, 71, 72, 74, 76, 78, 80, 82, 84, 86, 87, 88, 89, 90, 93–100, 102, 105, 106, 108, 110, 112–115, 117, 118, 120, 122, 124, 126, 129, 130, 130, 132, 134, 137, 138, 140, 142, 144, 146, 148, 150, 152, 155, 156, 156, 157, 158/Photosani Cover Front, 1, 18, 40, 58, 92, 104, 116, 128, 136, 154/pixelparticle 2/PPVector 139–147, 149–152/Tatiana Kost94 127